존 비비어의 경외

The Fear of the Lord

by John Bevere Published by Charisma House
Copyright ⓒ 1982, 1996, 2006 by John Bevere
All rights reserved, English version Published by Charisma House

Korean edition copyright ⓒ 2009 by NCD Publishers

이 책의 한국어판 저작권은 저작권자와의 독점 계약으로 터치북스에 있습니다.
저작권법에 의해 한국 내에서 보호를 받는 저작물이므로 무단전재와 무단복제를 금합니다.
터치북스는 도서출판 NCD의 임프린트입니다.

하나님과 친밀해지는 유일한 길

존 비비어의
경외

존 비비어

터치북스

추천의 글

　　　　　　　　　　존 비비어는 하나님을 가까이에서 느끼고 경험하는 사람입니다. 그의 정체성은 하나님과 맞닿아 있어서 그의 숨결을 느낄 때마다 우리 역시 하나님을 경험할 수 있습니다. 성공과 행복만을 추구하는 세대에게 하나님을 존경하고 경외하라는 그의 외침은 존엄하신 하나님 앞에 마땅히 서야 할 우리의 자세를 되짚어 줍니다. 우주를 창조하시고 우리를 위해 하늘의 영광을 포기하신 하나님 앞에 사랑과 경외로 설 때, 하나님의 지팡이로 쓰임받은 모세처럼, 순종으로 자신의 믿음을 보여 줬던 아브라함처럼 우리 역시 하나님의 자녀로서 그분의 도구로, 또 친구로 살아갈 수 있습니다.

　《존 비비어의 경외》에는 하나님의 영광과 하나님을 바라보는 우리의 자세가 명확하게 설명되어 있습니다. 하나님을 경외하는 자세를 갖춤으로써 하나님과 동행하는 축복을 누리기를 바랍니다. 당신을 향해 다가오시는 하나님을 느끼며 그 안에서 새로운 비전을 꿈꿀 수 있기를 기도합니다.

　　　　　　　　　　　　　　박성민 목사 _한국대학생선교회(C.C.C.) 대표

우리는 '경외'라는 단어를 상실한 시대에 살고 있습니다. 탈전통, 탈권위의 포스트모더니즘 문화는 부조리한 권위에 맞서 싸울 용기와 자유를 선물해 주었지만, 그와 동시에 교회로 깊숙이 흘러들어와 우리에게 '반쪽짜리' 하나님만을 꿈꾸게 했습니다. 오직 친밀감이라는 잣대로만 '우리들만의' 하나님을 재단하여 '경외'라는 단어를 친밀함과 철저히 분리해 '구약의 세계'로 격리시켰습니다. 결국 많은 그리스도인들은 '경외'에 담겨 있는 단순한 두려움 이상을 넘어서는 크고 풍성한 의미를 누리지 못하는 아픔을 겪고 있습니다.

《존 비비어의 경외》는 마치 잃어버렸던 보물의 묵은 먼지를 조심스럽게 털어내면 그 찬란한 빛을 되찾게 되듯이, 우리가 잃어버렸던 '경외'라는 값진 신앙의 보물을 다시 빛나게 해주는 귀한 역할을 감당할 것입니다. 부디 이 책을 읽는 독자들이 경외감과 친밀감이라는 신앙의 두 날개로 하나님과 깊고 풍성한 사귐을 누리시길 기도합니다.

전영훈 목사 _소망의 바다 미니스트리 대표

역자의 글

　　　　　　　　　　나는 독자들에게 이 책의 10장까지 읽기 전에는 책을 읽었다고 말하지 말라고 강조하고 싶다. 이 책은 시작부터 하나님을 경외하지 않는 문제에 대해 강하게 지적하기 때문에 마음이 편치 않을 수 있다. 많은 사람들이 저자가 말하는 것처럼 살고 있지 않기 때문이다. 그래서 "요즘 사람들에게는 너무 과다한 요구야", "그렇게까지 살아가는 사람이 얼마나 될까?"라는 생각도 든다.

　존 비비어는 이 책에서 "교회에서조차 하나님을 타락한 인간의 형상으로 끌어내리고" 있으며, 사역자들은 "입술로는 하나님을 높이나, 인간이 만든 계명으로 하나님을 경외하라고 가르치고 자신들의 생각으로 하나님의 말씀과 명령을 걸러내고 있다"고 지적한다. 누구나 이런 메시지를 들으면 위축되기 마련이다. 누구든지 그가 지적하는 대다수의 사람들에서 제외되기는 힘들기 때문이다.

　우리가 여기까지만 읽는다면 존 비비어를 '비판의 선지자'로 오해할 수 있다. 그러나 책의 중반으로 넘어가면서 그는 하나님을 경외하는 일이야말로 그분과 친밀해지고 영원히 함께하는 유일한

길임을 말씀과 역사를 통해 증명하면서, 하나님을 경외하는 방법을 자세하게 안내해줌으로써 우리를 희망으로 이끌어준다. 하나님을 경외함으로 얻게 되는 깊은 영적인 깨달음과 놀라운 사랑을 보면 하나님이 당신을 경외하는 자를 얼마나 친밀하게 아끼시는지를 알 수 있다.시 25:14.

《존 비비어의 경외》는 우리가 하나님을 믿으면서도 얼마나 많은 보물을 놓치고 있었는지를 보여준다. 우리는 그의 영적인 민감함과 따뜻한 사랑의 안내를 통해 하나님의 빛나는 영광을 바라보며 그분과 더욱 친밀하게 동행하는 삶을 살게 될 것이다.

차례

The Fear of
the Lord

추천의 글
역자의 글
여는 글

01장. 급하고 강한 바람처럼 · 20

왕의 왕, 주의 주께서
합당한 영광과 존경을 받지 못하시는 곳에 임재하시겠는가?

02장. 왜곡된 메시지 · 32

예수님을 구세주, 치유자, 구원자라고 고백하면서도
마음과 행동으로는 하나님의 영광을 타락한 인간 수준으로
떨어뜨리는 사람들이 있다.

03장. 우주에 충만한 하나님의 영광 · 44

여기 우주도 담을 수 없는 영광스러운 창조주가 계신다.
하나님은 뼘으로 그 우주를 측정하는 분이지만,
작은 지구와 피조물들을 얼마나 세밀하게 설계하셨는지
현대 과학자들이 오랜 세월 연구해 왔지만 답을 얻지 못하고 있다.

04장. 하나님의 영광을 대면할 준비 · 58

하나님의 영광이 임하기 전에
먼저 하나님의 질서가 형성되어야 한다.

05장. 오늘날 하나님이 거하시는 곳 • 84

예수님은 우리가 그분을 따르려면
먼저 대가를 생각해야 한다고 분명히 말씀하신다.
그 대가는 바로 우리의 삶이다.

06장. 하나님을 경외하는 자들의 특권 • 96

우리가 자신 있게 하나님께 나아갈 수 있는 것은
다 하나님의 사랑 덕분이다.
성경은 우리가 합당한 자세로 하나님께 나아가섬겨야 한다고 덧붙인다.
합당한 자세란 어떤 자세를 말하는가?
바로 '경건함과 두려움'으로 나아가는 것이다.

07장. 연기된 하나님의 심판 • 116

하나님의 영광이 더 크게 나타날수록
불경한 자에 대한 심판도 더 크고 신속히 임한다!
하나님의 영광이 있는 곳에서는 죄가 들어올 때마다
즉각적인 반응이 나타난다.

08장. 더 큰 영광을 기다리라 • 138

예수님이 재림하시기 직전에 하나님의 영광은
일곱 배 더 크게 나타날 것이다.
하나님의 영광의 늦은 비는 하나님의 백성들뿐 아니라
그들 주변에 있는 사람들 마음까지 새롭게 해줄 것이다.

09장. 하나님의 영광이 다시 임할 때 • 160

회복된 하나님의 영광이
그분을 맞이할 마음이 준비된 자들 위에 임할 것이다.
하나님이 정결케 하실 때 저항하지 말고,
하나님 알아가기를 게을리하지 말라.

10장. 마땅히 두려워 할 자를 두려워하라 • 182

하나님을 경외하는 사람은 그분의 말씀과 임재 앞에서 떤다.
이것은 하나님의 말씀에 순종하지 않거나 타협하는 것이
더 유리해 보이는 상황에서 기꺼이 주님께 순종한다는 뜻이다.

11장. 경외하는 자, 세상의 빛이 되다 • 204

하나님을 경외하는 우리는 계속해서 하나님의 형상을 닮아가,
마침내 어두운 세상에서 밝은 빛을 비추게 된다.
이는 하나님의 신실한 교회가 마지막 때에 나타내게 될
두려운 영광을 묘사하는 것이다.

12장. 경외하는 사람에게 약속된 복 • 230

마음이 정결한 사람만이 하나님과 친구가 된다.
하나님을 경외함이 우리로 하나님의 은혜를
헛되이 받지 않게 해주는 것이다.

닫는 글

여는 글

　　　　　　몇 년 전 여름, 나는 미국 남부지방의 한 교회의 집회에 강사로 초빙받아 간 적이 있었다. 그때 일은 내가 지금까지 해 온 사역 중 가장 불쾌한 기억으로 남아 있다. 그러나 그 일을 계기로, 하나님을 경외하는 것에 대해 깊이 알고 싶은 강한 열망이 내 마음속에 싹트게 되었다.

　내가 그 집회를 인도하기 2년 전에 그 교회는 하나님의 강력한 역사를 체험했었다. 한 복음전도자가 4주 동안 와서 사역을 하는 동안 하나님이 임재하셔서 그 교회를 부흥시켜 주신 것이다. 교인들은 소위 '거룩한 웃음'이라는 것을 충만하게 경험하고 있었다. 그 경험이 너무도 참신해서 목회자와 많은 성도들은 계속 하나님을 추구하며 나아가려 하지 않고 그 자리에 머물러 있으려 했다. 그런 일은 종종 있는 일이다. 얼마 지나지 않아 그들은 새롭게 회복시켜 주시는 하나님을 아는 것보다 눈에 보이는 새로운 현상들에 더 관심을 갖게 되었다.

　집회 둘째 날 밤에 성령님은 나에게 '하나님을 경외함'에 대해 설교하도록 이끄셨다. 그 당시 나는 하나님을 경외하는 것에 대해 알아가고 있는 중이었지만, 하나님은 이미 성경을 통해 내게 보여주신 것들을 설교하도록 인도하셨다.

다음 날 밤, 나는 무슨 일이 일어날지 전혀 모르고 예배에 참석했다. 그런데 사전에 아무 의논도 없이, 경배와 찬양이 끝난 후 담임목사가 나와서 내가 전날 밤에 설교했던 내용을 정정하는 것이었다. 맨 앞줄에 앉아 있던 나는 얼마나 충격을 받았는지 모른다. 그는 신약 시대를 사는 성도들은 하나님을 두려워할 필요가 없다고 주장했다. 그것을 뒷받침하는 구절로 요한일서 4장 18절을 들었다. "사랑 안에 두려움이 없고 온전한 사랑이 두려움을 내쫓나니 두려움에는 형벌이 있음이라 두려워하는 자는 사랑 안에서 온전히 이루지 못하였느니라." 그 목사는 '두려워하는 마음'과 '하나님을 경외하는 것'을 혼동한 것이다.

다음날 아침, 호텔 바깥 한산한 곳에서 나는 오랫동안 기도하는 시간을 가졌다. 마음을 열고 하나님 앞에 나아가, 하나님이 주고자 하시는 어떤 징계라도 복종하며 받아들이고자 했다. 하나님의 징계는 언제나 나의 유익을 위한 것임을 알고 있었기 때문이다. 하나님이 우리를 징계하시는 것은 우리로 그의 거룩하심에 참여하게 하려는 것이다히 12:7-11. 즉시 나는 하나님의 압도적인 사랑을 느꼈다. 그리고 내 설교에 대해 하나님이 실망하신 것이 아니라 오히려 기뻐하신다는 것을 알았다. 하나님의 놀라운 임재 안에서 주체할 수 없이 눈물이 흘러내렸다.

한참을 기도하자, 어느 순간 내 영 깊은 곳에서 '하나님을 경외하는 마음'을 알게 해 달라고 간절히 부르짖고 있었다. 나는 내면의 모든 힘을 끌어 모아 소리 높여 부르짖었다. "아버지, 하나님을 경외하는 마음이 어떤 것인지 알고, 그 가운데 행하고 싶습니다!"

기도를 마치자, 앞으로 닥칠 일은 전혀 걱정되지 않았다. 내가 원하는 것은 오로지 하나님의 마음을 아는 것뿐이었다. 하나님의 거룩한 속성의 한 면을 알게 해 달라는 나의 간구가 하나님의 마음을 깊이 감동시켰음을 나는 느낄 수 있었다. 그날 이후로 하나님은 그분을 경외하는 것의 중요성을 나에게 정말 신실하게 보여 주셨다. 또한 모든 성도들이 그것을 깨닫기 원하시는 하나님의 마음도 보여 주셨다.

나는 하나님을 경외하는 것이 중요하다는 것은 늘 알고 있었지만, 그 기도의 응답으로 하나님이 내 눈을 열어 주시기 전까지는 사실 그것이 얼마나 중요한지를 제대로 알지 못했다. 나는 항상 하나님과 관계의 기초는 하나님의 '사랑'에 있다고 생각했다. 그런데 그것이 아니라 하나님을 경외하는 마음이 기초가 되어야 한다는 것을 깨닫게 되었다. 이사야 선지자의 말을 들어 보자.

"여호와께서는 지극히 존귀하시니 그는 높은 곳에 거하심이요 정의와 공의를 시온에 충만하게 하심이라 네 시대에 평안함이 있으며 구원과 지혜와 지식이 풍성할 것이니 여호와를 경외함이 네 보배니라" 사 33:5-6.

하나님을 향한 거룩한 경외심은 하나님의 든든한 기초인 구원과 지혜와 지식의 보물창고를 여는 열쇠다. 그것은 하나님의 사랑과 더불어 우리 인생의 기초를 세운다! 하나님을 경외하기 전에는 하나님을 진정으로 사랑할 수 없고, 하나님을 사랑하기 전에는 올

바로 하나님을 경외할 수 없음을 곧 알게 될 것이다.

이 책을 쓰는 동안 우리 가족은 새 집을 건축하고 있었다. 그래서 여러 번 작업 현장을 방문해 볼 기회가 있었는데, 하나님은 이 순간들을 통해 내게 귀한 교훈을 주셨다. 건축의 기본 원리들로부터 깨달음을 주신 것이다. 건축은 집의 기초와 틀을 세우는 것부터 시작한다. 이것이 잘 세워져야 타일이나 카페트, 창문, 가구, 페인트 같은 마감 자재들을 지탱할 수 있다. 일단 집이 다 지어진 후에는 기초와 골조가 전혀 보이지 않지만, 그것들이 아름다운 가구들과 내부 마감재들을 모두 지탱하고 보호해 주고 있는 것이다. 이 골조가 없으면, 그저 자재들을 쌓아놓은 것밖에 안 된다.

이 책의 구성도 이와 같다. 나는 먼저 하나님을 경외하는 것과 하나님의 심판에 대해 대략적으로 설명할 것이다. 그 다음에 하나님을 더 친밀하게 아는 데까지 나아가려 한다. 즉 경외심이 심판으로부터 보호해 준다는 사실에 대해 설명한 다음에, 그것이 하나님과 친밀해지는 데 어떤 역할을 하는지 이야기함으로 끝을 맺을 것이다. 각 장에 담긴 진리들은 당신에게 유익한 지식을 주는 동시에 삶에 변화를 가져다 줄 것이다. 처음 몇 장은 나머지 부분을 위한 골조를 세우는 부분이다. 즉 하나님이 계시해 주시는 진리를 잘 받아들일 수 있도록 영적인 힘을 길러 줄 것이다.

집을 짓는다고 생각하며 이 책을 읽으라. 기본 틀을 세우다가 갑자기 카페트를 까는 단계로 뛰어넘지 말라는 뜻이다. 지붕이 없으면 건축이 완성되기도 전에 카페트를 교체해야 할 테니 말이다. 건축은 순차적으로 진행해야 하는 일이다.

각 장 내용을 기도하면서 읽고, 충분히 이해한 다음에 다음 장으로 넘어가라. 이 책을 통해 성령님이 당신에게 하나님의 말씀을 계시해 주시도록 기도하라. "문자는 죽이는 것이요, 영은 살리는 것이기" 때문이다고후 3:6.

하나님을 경외하는 것은 머리로 이해하는 것이 아니라 마음에 새기는 것이다. 그것은 우리가 하나님의 말씀을 읽을 때 성령님이 계시해 주시는 것이며, 여호와의 영이 우리 내면에 임하실 때 나타나는 한 가지 현상이다. 하나님은 그분을 간절히 찾는 자들의 마음 속에 경외하는 마음을 심어 주실 것이다렘 29:11-14, 32:40.

이 책의 본론으로 들어가기 전에 먼저 기도하자.

"하나님 아버지,

하나님을 경외하는 것이 어떤 것인지 알고 깨닫고자 하는 마음의 소원을 안고 이 책을 펼쳤습니다. 그러나 성령님의 도우심이 없이는 이것이 불가능하다는 것을 잘 압니다. 저에게 주의 성령으로 기름 부어 주옵소서. 제 눈을 열어 보게 하시고, 귀를 열어 듣게 하시고, 마음을 열어 주께서 제게 말씀하시는 것을 알고 깨닫게 해주십시오.

이 책을 읽는 동안 주님의 음성을 듣게 하옵소서. 저를 변화시켜 주시고, 더 높은 영광을 누리게 해주옵소서. 그리고 또다시 저를 높여 주셔서, 주님과 얼굴을 맞대고 만나는 꿈을 이루게 해주십시오. 제가 다시는 이전처럼 살지 않기를 원합니다. 저를 변화시켜 주시옵소서.

지금과 또 영원히, 모든 찬송과 영광과 존귀를 주님께 드립니다. 아멘."

존 비비어

The Fear of
the Lord

THE FEAR OF THE LORD

급하고 강한 바람처럼

왕의 왕, 주의 주께서
합당한 영광과 존경을 받지 못하시는 곳에
임재하시겠는가?

> 나는 나를 가까이 하는 자 중에서 내 거룩함을 나타내겠고
> 온 백성 앞에서 내 영광을 나타내리라 레 10:3.

몇 년 전, 새해를 맞이한 지 열흘밖에 안 됐을 때였다. 그 며칠 사이에 나는 이미 유럽과 아시아로 사역을 다녀왔다. 이번에는 남아메리카로 갈 차례였다. 아직 브라질이라는 나라에 한 번도 가 본 적이 없기에, 3개의 주요 도시에서 열리는 전국적인 집회에 강사로 초빙받은 것이 내겐 무척 영광이었다. 밤새 비행기를 타고 가서, 공항에서 매우 갈급하고 기대에 차 있는 지도자들의 환영을 받았다. 그들은 이 집회에 대한 기대가 대단했고, 그들의 열정에 나도 힘이 솟았다.

첫 예배는 그날 저녁에 수도인 브라질리아에서 열렸다. 몇 시간의 짧은 휴식을 마친 후, 사람들이 나와 통역자를 집회 장소에 데려다 주었다. 주차장이며 거리에 차들이 빽빽한 걸 보고 집회에 많은 사람들이 참석했을 거라고 예상했다. 건물에 다다르니 꼭대기 층의 환기창으로 흘러나오는 음악 소리가 들렸다. 익숙한 찬송을

브라질의 주언어인 포르투갈어로 들으니 흥분과 기대감이 한껏 부풀어 올랐다.

안으로 들어선 우리는 곧바로 강단으로 안내되었다. 약 4천 석 정도 되는 강당이 꽉 차 있었다. 매우 열정적인 찬양에 강단이 흔들렸다. 음악은 아주 좋았다. 연주자들이 실력도 있고 호흡도 잘 맞았기 때문이다. 노래도 훌륭했다. 리더들이 아주 좋은 목소리를 갖고 있었다. 그러나 얼마 지나지 않아, 나는 그곳에 하나님의 임재가 없다는 것을 알았다. 나는 군중들과 찬양팀원들을 자세히 살펴보며 생각했다. '하나님은 어디 계실까?' 그리고는 주님께 물었다. '주님, 주님의 임재가 어디 있습니까?'

그곳엔 하나님이 없었다

주님의 응답을 기다리는 동안, 그 건물 안의 상황을 알게 되었다. 강단의 밝은 조명을 통해 여기저기 방황하고 있는 사람들을 볼 수 있었다. 많은 사람들이 다른 사람이나 사물을 멍하니 쳐다보고 서 있었다. 따분해 보이는 사람들도 많았다. 주머니에 손을 찔러 넣고 있거나 지루한 듯 옆으로 몸을 기대고 있는 모습도 보였다. 그들의 자세와 표정은 마치 쇼가 시작되기를 기다리고 있는 무심한 군중들의 모습이나 다름없었다. 서로 이야기를 나누는 사람들도 있었고, 복도를 돌아다니거나 강당을 나갔다 들어왔다 하는 사람들도 있었다.

 마음이 아파 왔다. 이것은 전도 집회가 아니라 믿는 자들의 집회였다. 물론 참석자 중에 신자가 아닌 사람들도 있었겠지만, 이 냉담한 군중의 대부분은 '그리스도인들'이었다.

 나는 사람들이 주님을 참으로 공경하는 자세를 갖추기를 바라며 기다렸다. '곧 분위기가 바뀌겠지'라고 생각했다. 하지만 그렇지 않았다. 30분쯤 지나자, 음악 템포가 느려지면서 '예배송'이 시작되었다. 그러나 내가 본 광경은 참된 예배와는 거리가 멀었다. 강당에 들어갔을 때 보았던 무심한 태도가 예배 때까지도 계속되었다.

 찬양이 끝났을 때는 1시간도 넘게 지난 것 같았는데 실은 40분도 채 되지 않았다. 예배 인도자가 사람들에게 자리에 앉으라고 했다. 사람들은 앉았지만, 여기저기서 웅성거리는 소리는 계속되었다. 한 지도자가 마이크를 들고 사람들을 타일렀지만 말소리는 계속 들렸다. 설교 시간 내내 여기저기서 웅성거리는 소리며 어수선하게 왔다갔다하는 소리들이 들려 왔다. 많은 사람들이 설교자에게 전혀 집중하고 있지 않았다. 정말 믿기지 않는 광경이었다. 실망한 나는 통역자에게 평소에도 예배 분위기가 이러냐고 물었다.

 그도 동감하며 속삭였다. "때로는 사람들에게 제발 좀 집중해 달라고 부탁해야 할 때도 있답니다." 이쯤 되자 점점 화가 났다. 다른 집회에서도 이런 식으로 행동하는 사람들을 본 적이 있지만 이 정도는 아니었다. 그런 집회에 갈 때마다 나는 비슷한 영적 분위기를 느꼈다. 즉 침체되어 있고, 하나님의 임재가 없었다. 이제 '주님,

주님의 임재가 어디 있습니까?'라는 내 질문에 답을 얻었다. 하나님의 임재는 그 자리에 없었다. 그때 하나님의 영이 내게 말씀하셨다. "네가 이 문제에 바로 대응하길 바란다."

드디어 나를 소개할 순서가 되자, 웅성거리는 소리가 좀 줄어들었지만 여전히 들렸다. 나는 강단에 올라서서 군중을 바라보았다. 사람들이 주목할 때까지 아무 말도 하지 않기로 했다. 가슴 속에서 거룩한 분노가 타올랐다. 1분 후, 강단에서 아무 소리가 들리지 않는 걸 의식하고는 모두가 조용해졌다.

나는 사람들에게 내 소개나 인사말을 하지 않고, 대신 처음부터 이런 질문을 던졌다. "만일 여러분이 이야기하는데 사람들이 내내 무시하거나 옆 사람과 계속 대화를 나눈다면 기분이 어떨까요? 아니면 무관심하거나 무시하는 태도로 다른 곳을 쳐다보고 있다면요?"

잠시 침묵이 흐른 뒤, 내가 말했다. "기분이 나쁠 겁니다. 그렇죠?"

나는 질문을 계속 했다. "여러분이 이웃집을 찾아가 초인종을 누를 때마다 그집 주인이 건성으로 맞이하며 '아, 또 오셨군요. 들어오세요'라고 말한다면 어떨까요?" 나는 조금 쉬었다가 이렇게 덧붙였다. "다시는 그 이웃을 찾아가고 싶지 않을 겁니다. 그렇지 않을까요?" 그리고 단호하게 말했다. "왕의 왕, 주의 주께서 그분께 합당한 영광과 존경을 받지 못하시는 곳에 과연 오실까요? 만물의 주인이신 하나님이 자신의 말을 주의 깊게 듣지 않는 사람들에게 말씀하실까요? 말씀하실 거라고 생각한다면 큰 오산입니다!"

나는 계속 말했다. "오늘 밤에 이 건물 안으로 들어오면서 저는 하나님의 임재를 전혀 느끼지 못했습니다. 찬양에도, 경배에도, 권고의 말씀에도, 헌금하는 동안에도 하나님은 계시지 않았습니다. 이유는 하나입니다. 하나님은 존경받지 못하시는 곳에 임하시지 않기 때문입니다. 오늘 밤 이 강단에 대통령이 선다면 단지 그분의 직책 때문에라도 모든 사람들이 경의를 표할 것입니다. 만일 내가 이 자리에 여러분이 좋아하는 축구선수와 함께 섰다면, 많은 사람들이 긴장하고 앉아 있을 테지요. 부푼 기대를 품고 그 선수의 말 한 마디 한 마디를 경청할 것입니다. 그러나 조금 전에 하나님의 말씀을 읽을 때 여러분은 건성으로 듣는 둥 마는 둥했습니다. 그분의 말씀을 중요하게 여기지 않는다는 얘깁니다."

계속해서 나는 하나님이 그분께 가까이 나아오는 사람들에게 무엇을 요구하시는지, 성경 말씀을 찾아 읽었다.

"나는 나를 가까이 하는 자 중에서 내 거룩함을 나타내겠고 온 백성 앞에서 내 영광을 나타내리라" 레 10:3.

이후로 1시간 반 동안 하나님이 내 마음속에 감동을 주시는 대로 메시지를 전했다. 권위 있는 말씀이 담대하게 흘러 나왔고, 사람들의 생각이나 반응은 전혀 두렵지 않았다. '내일 당장 나를 이 나라에서 쫓아내도 상관없다. 난 하나님께 순종할 것이다!' 라고 속으로 다짐했다.

바람처럼 임하신 하나님

내가 설교하는 동안 너무나 조용해서 핀 하나가 바닥에 떨어지는 소리까지 들릴 정도였다. 그 1시간 반 동안 움직이는 사람도 없었고 경시하는 태도도 없었다. 하나님의 성령이 말씀으로 사람들의 주의를 사로잡은 것이다. 순식간에 분위기가 완전히 바뀌었다. 하나님의 말씀이 사람들 마음의 단단한 껍질을 두드리고 계신 것이 느껴졌다. 메시지를 마치고, 모두 눈을 감으라고 했다. 그리고는 짧고 분명하게 회개 요청을 했다.

"하나님이 거룩하다고 하신 것을 하찮게 대했다면, 하나님의 일들에 대해 불경한 태도를 갖고 살았다면, 오늘 밤 성령님이 말씀으로 여러분의 죄를 깨우쳐 주셨다면, 하나님 앞에 회개하시겠습니까? 그런 분은 일어나십시오."

성도들 가운데 75퍼센트가 주저 없이 자리에서 일어났다.

나는 고개를 숙이고 큰소리로 간단하지만 진지한 기도를 했다.

"주님, 오늘 밤 이 사람들에게 전한 주님의 말씀을 확증해 주옵소서."

그 즉시 하나님의 임재가 강당을 가득 채웠다. 회중에게 기도를 시키지 않았는데도, 곳곳에서 흐느끼는 소리와 탄식 소리가 들렸다. 하나님의 임재의 물결이 그 건물 전체를 휩쓸고 지나가며 더러운 것을 정결케 하고 새롭게 하는 듯했다. 모든 사람들이 강단으로 나올 수는 없었기 때문에 선 자리에서 기도하도록 회개 기도를 인도했다. 눈물을 닦는 사람들의 모습이 보였다. 하나님의 놀라운 임재는 계속되었다.

잠시 후 하나님의 임재가 잠잠해졌다. 나는 사람들에게 그들의 주인 되신 주님께 초점을 두라고 권면했다. "하나님을 가까이하라 그리하면 너희를 가까이하시리라" 약 4:8.

시간이 좀 더 흐른 후에 다시 한 번 하나님의 임재의 물결이 예배당을 가득 채웠다. 울부짖음이 더 격렬해지고 더 많은 눈물이 쏟아졌다. 이번에는 하나님의 임재가 훨씬 더 광범위해져서 더 많은 사람들이 감동을 받았다. 이런 시간이 몇 분간 계속되다가 또다시 잠잠해졌다. 나는 성령의 파도가 몰아치는 동안 표류하고 있지 말고 마음의 초점을 꽉 붙잡으라고 사람들에게 권했다.

몇 분 후, 하나님의 성령이 내 마음에 속삭이시는 소리가 들렸다. "내가 다시 오고 있다." 그 즉시 나는 선포했다. "그분이 다시 오십니다!"

그 다음에 일어난 일은 글로는 정확히 표현할 수가 없다. 너무나 두렵고 경이로우신 분을 표현하기에는 말과 글이 한정적이기 때문이다. 과장해서 말할 수도 없다. 그 또한 하나님께 불경한 일이기 때문이다.

"그분이 다시 오십니다!" 이 말이 또 한 번 내 입에서 나가자 다음과 같은 일이 일어났다. 마치 활주로 끝에서 100미터 정도 떨어진 곳에 서서 거대한 제트기가 발사되는 장면을 지켜보는 것 같았다고밖에는 달리 설명할 길이 없다. 그 즉시 엄청난 바람이 청중석을 휩쓸고 지나갔다. 거의 동시에 사람들의 입에서 뜨겁고 열정적인 기도가 쏟아져 나왔고, 그들의 목소리는 더욱 높아지면서 하나로 모아져, 마치 한 사람이 외치는 소리 같았다.

그 힘찬 바람 소리를 처음 들었을 때 나는 건물 위로 제트기가 지나간 줄 알았다. 조금이라도 확실치 않으면 하나님의 역사로 간주하고 싶지 않았던 나는 근처에 공항이 있는지 기억을 더듬었다. 그러나 공항은 없었을 뿐더러 2시간 동안 비행기 날아가는 소리가 한 번도 들린 적이 없었다.

나는 다시 내면의 성령님께 눈을 돌렸다. 두려운 하나님의 임재를 느낄 수 있었고, 사람들에게서는 놀라운 기도가 터져 나오고 있었다. 이것은 분명 머리 위로 지나가는 비행기 소리가 아니었다. 만약 비행기 소리였다 해도, 그 정도로 소리가 크게 들리려면 적어도 비행기가 건물 위로 100미터 정도의 낮은 고도로 지나갔어야 했다. 또 설령 그랬다 해도, 3천여 명이 큰소리로 기도하는 가운데 그 소리가 그렇게 크게 들리진 않았을 것이다.

내가 들은 소리는 그보다 훨씬 더 컸고, 분명히 모든 청중의 목소리를 제압할 정도였다. 나는 마음속으로 그 바람이 성령의 바람이었다는 결론을 내렸지만, 아무 말도 하지 않았다. 불확실한 정보를 중계하거나 영적 현상을 지나치게 열정적으로 공언하여 사람들을 자극하고 싶지 않았기 때문이다. 이 거대한 바람 소리는 약 2분간 계속되었다. 그 소리가 잠잠해지자 사람들은 눈물을 흘리며 기도했다. 그곳은 거룩한 경외심으로 가득했다. 주님의 임재는 매우 실제적이고 강력했다.

굉장한 하나님의 임재의 여파는 20분 정도 계속되었다. 그때 나는 사회자에게 강단을 넘기고는 바로 그곳을 나가게 해 달라고 부탁했다. 나는 종종 예배가 끝난 후 좀 더 머물면서 사람들과 대화를 나누기도 했지만, 그때는 어떤 대화도 하고 싶지 않았다. 교회 지도자들이 저녁식사를 함께 하자고 했지만, 여전히 하나님의 임재에 몸이 떨렸던 나는 "아니오, 그냥 호텔 방으로 돌아가고 싶습니다"라며 거절했다.

사람들이 차가 있는 데까지 바래다 주었다. 나는 통역자와 그 교회 리더인 한 여성과 그녀의 남편과 함께 호텔로 돌아왔다. 그 여성은 그 나라에서 아주 유명한 음악가였다. 그녀는 차에 타면서 이렇게 소리 쳤다. "바람 소리 들으셨죠?" 나는 바로 대답했다. "비행기 소리였어요." 마음속으로는 그렇지 않다는 걸 알았지만, 확인받고 싶은 마음도 있었기에 먼저 얘기를 꺼내지 않기로 했다.

"아니에요." 그녀는 고개를 저으며 말했다. "하나님의 영이었어요."

매우 조용하고 내성적인 그녀의 남편도 단호하게 말했다. "그 건물 근처에는 비행기가 다니지 않습니다."

"정말입니까?" 내가 소리쳤다.

그는 말을 이었다. "더군다나 그 바람 소리는 음향판을 통해 나온 것이 아니었어요. 음향판에는 어떤 잡음도 잡히지 않았거든요." 나는 두려움에 완전히 사로잡혀 아무 말 없이 앉아 있었다.

나중에 이 사람이 우리가 들은 바람 소리가 비행기에서 난 소리가 아니라는 것을 그토록 확신한 이유를 알게 되었다. 밖에 있던 보안관과 경찰도 건물 안에서 엄청난 소리를 들었다고 보고했기 때문이다. 밖에는 바람이 불지 않았다. 그저 고요한 브라질의 밤이었다.

그의 아내는 계속 눈물을 흘렸다. "전 불의 파도가 그 건물로 내려오고 곳곳에 천사들이 있는 것을 보았어요!"

나는 내 귀를 의심했다. 두 달 전에 노스캐롤라이나 집회에서도 어느 사역자가 이와 똑같은 묘사를 했기 때문이다. 그때도 나는 하나님을 경외하는 것에 대해 설교했고, 하나님의 임재가 그 모임 가운데 강력하게 있었다. 100명 넘는 어린아이들이 1시간 동안 펑펑 울었다. 그 자리에 있었던 한 사역자가 목사에게 불덩이들이 파도처럼 그 건물로 내려오는 것을 보았다고 했었다. 세 명의 성가대원들도 그렇게 증언했다.

나는 그저 주님과 단 둘이 있고 싶은 마음뿐이었다. 호텔방에 들어가 홀로 남자, 내가 할 수 있는 것은 예배와 기도뿐이었다.

경외하는 마음이 회복되다

나는 리우데자네이루$^{Rio\ de\ Janeiro}$로 떠나기 전에 한 번 더 예배를 인도하기로 되어 있었다. 이번에는 강단으로 걸어 들어갈 때부터 예배 분위기가 달랐다. 사람들에게서 주님을 경외하는 마음이 회복되었다는 것을 느낄 수 있었다. 찬양도 달라졌다. 단지 듣기 좋기만 할 뿐 하나님의 임재가 빠진 그런 찬양이 아니었다. 너무나 아름다웠고, 기름 부음이 넘쳤고, 하나님의 임재가 무척 감미로웠다.

다윗은 "주를 경외함으로 성전을 향하여 예배하리이다"시 5:7 라고 말했다. 모든 예배는 하나님의 임재를 존중하는 마음으로 드려져야 한다. "내 성소를 귀히 여기라 나는 여호와이니라"레 19:30 고 하나님이 말씀하셨기 때문이다.

이 두 번째 예배에서 많은 사람들이 구원받고 치유를 받았다. 슬픔에 묶여 있던 사람들, 마음속에 분노를 품고 있던 많은 사람들이 자유케 되었다. 하나님이 존경받으시는 곳에 하나님의 임재가 나타나고, 그런 곳에서 우리의 필요가 채워진다.

이제 우리는 다음과 같은 다윗의 긴급 명령을 이해할 수 있다.

"너희 성도들아 여호와를 경외하라 그를 경외하는 사에게는 부족함이 없도다"시 34:9.

이것이 오늘 우리가 받아야 할 메시지다. "하나님을 경외하라!"

앞으로 우리는 성령님의 도우심으로, 하나님을 경외하는 것의 의미를 살펴볼 뿐 아니라 그 진리의 보물 속으로 들어가는 것이 어떤 것인지 볼 것이다. 또 하나님을 경외하는 마음 안에서 발견하는 영광스러운 은혜뿐 아니라, 거룩한 경외심이 없을 때 임하는 심판에 대해서도 배우고자 한다.

THE FEAR OF THE LORD

왜곡된 메시지

예수님을 구세주, 치유자, 구원자라고 고백하면서도
마음과 행동으로는 하나님의 영광을 타락한 인간 수준으로
떨어뜨리는 사람들이 있다.

무릇 구름 위에서 능히 여호와와 비교할 자 누구며
신들 중에서 여호와와 같은 자 누구리이까
하나님은 거룩한 자의 모임 가운데에서 매우 무서워할 이시오며
둘러 있는 모든 자 위에 더욱 두려워할 이시니이다 시 89:6-7.

하나님을 경외하는 것
에 대해 이야기하기 전에, 우리가 섬기는 하나님의 위대하심과 영광을 잠깐 생각해 보자. 시편 기자는 먼저 하나님이 매우 두렵고 놀라우신 분임을 선포한 후에, 그분을 경외하라고 말한다.

"하늘 위에서 누가 여호와와 비길 수 있겠습니까? 신들 가운데 여호와 같은 이, 누가 있겠습니까? 성도들이 모임에서 하나님이 몹시 두려워할 것입니다. 하나님께서는 주변에 있는 그 누구보다 더욱 경외해야 할 분이십니다" 시 89:6-7.

달리 표현하면, "우주에서 누가 여호와와 비교될 수 있겠는가?"라는 담대하고 확신에 찬 고백이다. 그는 우리가 하나님의 큰 영광을 깊이 묵상하기 원한다. 우리가 하나님의 위대하심을 인식하

지 못하거나 그분이 영광 받으셔야 할 이유를 모른다면, 어떻게 그분께 합당한 영광과 존귀를 돌릴 수 있겠는가?

왜 기다리던 분을 알아보지 못했을까?

세상에서 가장 강한 나라의 왕을 한번 상상해 보자. 그 나라에서는 그의 탁월함과 명성을 모르는 사람이 없다. 그는 아주 지혜로운 통치자다. 또 그는 인간에게 알려진 가장 위대하고 중요한 과학적 발견과 업적을 이룬 발명가이기도 하다. 삶의 어느 영역에서도 그를 따라갈 자가 없다. 그 나라에서는 어디를 가도 최고로 존경받는 인물이다. 그를 높이고 환영하기 위해 큰 퍼레이드와 성대한 잔치가 열린다.

그런데 이 왕이 그의 지위와 탁월함을 전혀 모르는 다른 나라로 여행을 간다면 어떻게 될까? 모든 면에서 그의 나라보다 열등한 낯선 나라에서 어떤 환영을 받겠는가? 그러나 이 고귀한 왕은 평범한 사람으로서 그 나라를 방문하기로 한다. 왕복도 입지 않고, 수행원이나 경호 부대, 보좌관들도 대동하지 않고 혼자서 간다. 과연 그는 어떤 대우를 받을 것인가?

아마도 그는 다른 외국인들과 별 차이 없는 대우를 받을 것이다. 비록 이 사람이 그 나라의 최고 뛰어난 사람들보다 훨씬 탁월하다 할지라도 그 나라에서는 그다지 존경받지 못할 것이다. 때로는 단지 외국인이라는 이유로 무시를 당할 수도 있다. 그의 발명품들과 과학적 발견이 이 나라에도 큰 혜택을 주었지만, 아직 사람들은 그를 모르기 때문에 그에게 합당한 존경과 경의를 표하지 않는다.

예수, 임마누엘, 육신으로 나타나신 하나님에 대해 요한이 하는 이야기를 들어 보자.

"그가 세상에 계셨으며 세상은 그로 말미암아 지은 바 되었으되 세상이 그를 알지 못하였고 자기 땅에 오매 자기 백성이 영접하지 아니하였으나" 요 1:10-11.

우주와 우리가 사는 세상을 창조하신 분이 합당한 영광과 영접을 받지 못하셨다는 것은 매우 슬픈 일이다. 그러나 더 슬픈 사실은 그분이 자기 백성, 그분의 약속을 알고 기다리던 백성, 몇 번이나 그분의 능력으로 구원받은 그 백성에게 오셨으나 영접을 받지 못하셨다는 것이다. 사람들은 주님이 오실 것에 대해 이야기하고 그분의 오심을 기대하며 정기적으로 성전을 찾아가고 그분의 통치와 함께 올 은혜들을 구하고 기도했으나 정작 그분이 오셨을 때 알아보지 못했다.

하나님의 백성들은 자기들이 신실하게 섬긴다고 고백한 그 높고 귀하신 주님을 알아보지 못했다. 이스라엘 백성들은 하나님의 크신 능력만 몰랐던 것이 아니라 그분의 크신 지혜도 몰랐다. 그러므로 그들이 주님을 두려워하거나 경외하지 않은 것은 이상한 일이 아니다. 하나님은 그것을 이렇게 설명하셨다.

"이 백성이 입으로는 나를 가까이 하며 입술로는 나를 공경하나 그들의 마음은 내게서 멀리 떠났나니 그들이 나를 경외함은 사람의 계명으로 가르침을 받았을 뿐이라" 사 29:13.

"그들이 나를 경외함은 사람의 계명으로 가르침을 받았을 뿐이라"고 말씀하셨다. 즉 사람들이 하나님의 영광을 타락하기 쉬운 인간의 영광으로 격하시켰다는 말이다. 그들은 자기들이 만들어 낸 하나님을 섬겼다. 참된 하나님을 섬긴 것이 아니라 자기들의 기준으로 만든 하나님을 섬긴 것이다.

하나님을 인간 수준으로 떨어뜨리다

예수님 당시의 사람들만 그런 것이 아니다. 물론 그 때에 가장 심각했던 것은 사실이지만 하나님의 계시를 맡은 사람들, 그 계시의 말씀에 헌신했다는 사람들 세대에도 똑같은 잘못이 반복되어 왔다.

하나님과의 약속을 어긴 아담의 죄에서도 이런 불경한 모습을 볼 수 있다. 아담은 뱀의 말을 귀담아 들었다. "너희가 그것을 먹는 날에는 너희 눈이 밝아져 하나님과 같이 되어 선악을 알 줄 하나님이 아심이니라"창 3:5.

"하나님이여…누가 주와 같으리이까"시 71:19 하고 시편 기자는 고백한다. 그러므로 아담이 하나님을 떠나 '하나님같이' 될 수 있다고 생각한 것은 얼마나 부질없는 일이었는가? 인간의 허황된 생각으로 아담은 하나님을 단순한 인간 수준으로 전락시킨 것이다.

끝없이 반복되던 이스라엘 자손들의 잘못을 살펴보면, 그들이 반항한 이유와 똑같은 원인을 발견하게 된다. 즉 하나님의 영광에 대한 자신들의 잘못된 생각으로 하나님을 두려워했던 것이다.

모세는 하나님의 말씀을 받기 위해 시내산에 올랐다. 여러 날이 지나도 모세가 돌아오지 않자 백성들이 한데 모였다출 32:1. 문제는 항상 사람들이 하나님의 능력과 임재를 떠나 자기들의 지혜로 함께 모일 때 시작된다. 하나님이 우리에게 명령하시기를 기다리는 대신, 사람들은 함께 모여 스스로 만족을 얻기 위해 무언가를 하려 한다. 오직 하나님만이 주실 수 있는 것을 일시적인 모조품으로 대체하는 것이다.

그들은 하나님의 능력이 나타나는 것을 여러 번 보았으면서도 금송아지를 만들었다. 지금 생각하면 정말 엉뚱하고 어리석게 보이지만, 당시 이스라엘 백성들에게는 그렇지 않았다. 그들은 400년 넘게 애굽에서 그런 형상들을 보아 왔기 때문이다. 애굽 문화에서는 아주 친숙한 것이었고 흔히 볼 수 있는 것이었다.

금송아지 앞에서 그들은 일제히 소리쳤다. "이스라엘아 이는 너희를 애굽 땅에서 인도하여 낸 너희의 신이로다"출 32:4. 그러자 그들의 지도자가 "내일은 여호와의 절일이니라"고 공포했다. 5절에 나오는 '여호와'라는 히브리어를 잘 살펴보면 그들의 말을 더 잘 이해할 수 있다. 'Yehovah' 또는 'Jehovah', 'Yahweh'로도 알려진 이 단어는 '스스로 계신 분'이라는 뜻으로 참된 하나님께 합당한 이름이다.

그들은 오직 참된 하나님께만 그 이름을 사용했다. 이것은 모세가 설교한 하나님의 이름이요, 아브라함이 언약을 맺은 하나님의 이름이요, 우리가 섬기는 하나님의 이름이다. '여호와'는 성경에서 다른 거짓 신들을 묘사하는 데 사용되지 않는다. 이 '여호와' 또는 '야훼'라는 이름은 너무도 거룩하여 나중에 히브리 서기관들은 그 이름을 온전히 기록할 수조차 없었다. 그래서 일부러 그 이름의 신성함을 존중하는 의미에서 모음을 빼기도 했다.

그런데 이스라엘 백성과 지도자들은 이 금송아지를 가리키며 '여호와', 즉 그들을 애굽에서 인도해 내신 참된 하나님이라고 부른 것이다! 그들은 "이는 너희를 애굽에서 인도하여 낸 바알신이다"라고 말하거나 다른 거짓 신의 이름을 붙이지 않았다. 이 송아지를 주님의 이름으로 부름으로써, 하나님의 위대하심을 자기들에게 익숙한 용어와 유한한 형상으로 추락시킨 것이다.

그런데 이스라엘 백성들이 여전히 자기들을 애굽의 속박에서 구원하신 이가 여호와라고 고백한 것이 흥미롭다. 그들은 하나님이 하신 일을 부인하지 않았다. 다만 하나님의 위대하심을 자기들에게 좀 더 익숙한 수준으로 떨어뜨린 것이다.

우리가 만든 하나님을 섬기다

구약성경에 나오는 사건들은 신약성경에서 이루어질 일들의 상징이며 그림자다. 신약성경에서 바울이 하는 말을 들어 보자.

> "창세로부터 그의 보이지 아니하는 것들 곧 그의 영원하신 능력과 신성이 그가 만드신 만물에 분명히 보여 알려졌나니 그러므로 그들이 핑계하지 못할지니라 하나님을 알되 하나님을 영화롭게도 아니하며 감사하지도 아니하고"롬 1:20-21.

그들이 하나님을 영화롭게 하지 않는다는 말을 주목해 보라. 이스라엘 자손들은 여호와의 구원을 인정했지만, 하나님께 합당한 영광과 경의와 존경을 표하지 않았다. 그런데 바울이 계속해서 신약 시대의 사람들에 대해 하는 말을 보면, 별로 달라진 게 없는 듯하다. 신약 시대의 성도들도 하나님께 합당한 경의를 표하지 않는 것은 마찬가지였다.

> "썩어지지 아니하는 하나님의 영광을 썩어질 사람…모양의 우상으로 바꾸었느니라"롬 1:23.

여기서 우리는 다시 한 번 참되신 하나님의 영광스러운 형상이 격하되는 것을 볼 수 있다. 이번에는 송아지가 아니라 썩어질 사람 우상이다. 이스라엘은 동물과 곤충 모양의 금신상을 숭배하는 사회에 둘러싸여 있었다. 현대 교회는 사람을 숭배하는 문화에 둘러싸여 있다.

지난 몇 년 동안 내 머릿속에서 떠나지 않고 맴도는 말이 있다. "우리는 우리가 만든 하나님을 섬겨 왔다!" 나는 수백 개의 교회를 다니면서, 하나님의 형상과 영광을 썩어질 사람 형상으로 격하시키는 사고방식을 많이 접했다. 이런 사상이 교회로 침투해 들어오고 있다.

사람들은 선뜻 예수님을 구세주, 치유자, 구원자로 인정한다. 입술로는 그분의 주되심을 고백한다. 그러나 행동과 마음자세로는 주님의 영광을 썩어질 인간의 수준으로 격하시키고 있다.

그들은 말한다. "하나님은 나의 친구다. 그분은 내 마음을 이해해 주신다." 하나님이 우리 자신보다 더 우리 마음을 잘 아시는 것은 사실이다. 하지만 흔히 이런 말로 하나님의 언약에 어긋나는 행동을 정당화하려 한다. 그것은 엄연히 하나님 말씀에 불순종하는 것이다. 성경에서는 하나님의 말씀과 임재 앞에 두려워 떠는 사람들, 어떤 대가를 치르더라도 순종하는 사람들만 '하나님의 친구'로 불리는 것을 볼 수 있다.

그러므로 사람들이 즉각 하나님께 순종하지 않으면 하나님이 합당한 영광과 존경을 받지 못하시는 것이다. 그들은 입술로는 하나님을 높이나 인간이 만든 계명으로 하나님을 경외할 것을 가르친다. 세상 문화의 영향을 받은 자신들의 생각으로 하나님의 말씀과 명령을 걸러낸다. 하나님의 영광에 대한 그들의 개념은 하나님의 살아 있는 말씀을 통해 계시된 참된 하나님의 형상이 아니라, 자신들의 제한된 인식으로 만들어진 것이다.

하나님의 말씀을 왜곡시키다

나는 어떤 교회 지도자들이 "하나님은 내가 행복하길 원하십니다"라는 말로 이혼을 정당화하는 것을 들었다. 그들은 실제로 하나님의 말씀과 하나님과 맺은 서약에 순종하는 것보다 자신의 행복이 더 중요하다고 믿는다.

어떤 교회 지도자는 내게 이런 말을 했다. "존, 저는 아내와 이혼하기로 결심했습니다. 우린 지난 18년 동안 사이가 좋지 못했습니다. 함께 영화를 보거나 즐거운 시간을 보내는 일도 없습니다. 당신도 알다시피, 전 예수님을 사랑합니다. 만일 제가 하는 일이 옳지 않다면 주님이 말씀해 주실 것입니다." 하나님이 이미 선포하신 말씀을 무시하는 사람에게 어떻게 하나님이 개인적으로 말씀해 주시겠는가?

이런 사람들은 자신만은 예외라는 것을 정당화하기 위해 예수님의 말씀을 왜곡시킨 것이다. 마치 주님이 이렇게 말씀하신 것처럼 말이다. "내가 성경에서 이혼을 싫어한다고 말한 것은 너에게 해당되는 말이 아니었다. 난 네가 행복하길 원하고, 너와 함께 즐거운 시간을 보낼 배우자를 만나길 바란다. 어서 이혼해라. 만약 잘못하더라도 나중에 회개하면 된다."

그것은 우리 사회가 생각하는 방식이다. 마음속으로는 이렇게 말하고 있는 것이다. "다른 사람들에게는 옳고 그른 것이 분명하지만, 나는 중간을 취할 수 있다. 나와 상관없는 남들은 그렇게 하면 잘못한 것이지만, 나는 면제받을 수 있다. 하나님의 명령을 지키는 것이 내 삶을 불편하게 만들면 지키지 않아도 된다!"

개인뿐 아니라 공동체에서도 이런 일이 생길 수 있다. 따라서 교회 안에서 하나님의 영광이 타락한 인간의 수준으로 격하되는 것, 교회 지도자들의 개인적인 삶에서부터 강단에서 전파되는 메시지까지 전부 그렇게 되는 것은 놀라운 일이 아니다.

이렇게 하나님의 영광을 축소시켜 회중에게 전달되는 메시지는 이런 것이다. "하나님은 진심으로 그렇게 말씀하신 것이 아니다", 혹은 "말씀하신 대로 행하지 않으신다." 그러면서 왜 우리 가운데 죄악이 만연하고 하나님을 경외하는 마음이 사라졌는지 궁금해한다. 죄인들이 설교를 듣고 죄를 깨닫지도 못하고 가만히 앉아 있는 것은 놀랄 일이 아니다. '성경에 근거한 교회들'의 신앙이 미적지근한 것도 이상한 일이 아니다. 신자들이 과부와 고아, 감옥에 갇힌 죄수들, 병자들에게 무관심한 것도 당연한 결과다.

지금까지 강단과 방송을 통해 전해진 메시지는 하나님을 '하늘에서 선물을 내려 주시는 아빠'로만 보이게 한 경우가 많았다. 즉 무엇이든 우리가 원하는 것을 우리가 원할 때마다 주고 싶어하시는 분으로만 묘사한 것이다. 이런 메시지를 들으면 이기적인 동기로 잠깐은 순종한다. 그러나 이런 식으로 자녀를 양육하는 부모는 결국 자녀를 망치는 것이다. 버릇없이 자란 아이들은 권위에 대한 참된 존경심이 없다. 특히 자기가 원할 때 원하는 것을 얻지 못하면 더욱 그렇다. 또 권위에 대한 존경심이 없는 그들은 하나님께 쉽게 화를 내게 된다.

우리가 그렇게 하나님의 영광에 미치지 못했을 때, 어떻게 하면 경외심을 회복할 수 있을까? 불순종과 반항이 정상적인 것으로 간주될 때, 어떻게 하면 순종이 이길 수 있을까?

이에 대해 하나님은 말씀하셨다. "그러나 진실로 내가 살아 있는 것과 여호와의 영광이 온 세계에 충만할 것을 두고 맹세하노니" 민 14:21. 하나님께서 친히 그의 백성들이 거룩한 경외심을 회복하게 해주시고, 그들을 하나님께 돌아오게 하셔서 하나님께 합당한 영광과 존귀를 돌리게 도우실 것이다.

THE FEAR OF THE LORD

우주에 충만한 하나님의 영광

여기 우주도 담을 수 없는 영광스러운 창조주가 계신다.
하나님은 뼘으로 그 우주를 측정하는 분이지만,
작은 지구와 피조물들을 얼마나 세밀하게 설계하셨는지
현대 과학자들이 오랜 세월 연구해 왔지만 답을 얻지 못하고 있다.

> 내 영혼이 주를 갈망하며 내 육체가 주를 앙모하나이다
> 내가 주의 권능과 영광을 보기 위하여… 시 63:1-2.

        하나님께 합당한 경의를 표하기 위해서는 먼저 하나님의 영광의 위대함을 알려고 애써야 한다. "원하건대 주의 영광을 내게 보이소서"출 33:18라는 모세의 담대한 탄원은 진정한 마음의 외침이었다.

    비록 우리가 본질적으로 온전히 이해할 수 없긴 하지만 하나님의 위대하심에 대한 우리의 이해의 폭이 넓어질수록, 그분에 대한 두려움 또는 경외심도 더욱 커진다. 시편 기자가 "하나님은 온 땅의 왕이심이라 지혜의 시로 찬송할지어다"시 47:7라고 권고하는 것도 이런 이유에서다. 우리는 하나님의 위대하심을 바라보아야 한다.

    시편 기자는 또 이렇게 말한다. "여호와는 위대하시니 크게 찬양할 것이라 그의 위대하심을 측량하지 못하리로다"시 145:3. 성 어거스틴의 임종에 관한 일화가 있다. 어거스틴은 절친한 친구들에게 둘러싸여 임종을 맞이했다. 그가 조용히 주님 곁으로 가면서 숨이

멎고 심장이 멈추자, 놀라운 평안이 방 안을 가득 채웠다. 그런데 그가 갑자기 눈을 다시 번쩍 뜨더니 흥분된 얼굴로 그 자리에 있는 사람들에게 이렇게 선언했다. "난 주님을 보았소. 내가 지금까지 쓴 모든 글들은 지푸라기에 불과하오"라고 말이다. 그리고는 영원한 집으로 떠났다.

영원히 불러도 지루하지 않은 찬양

이사야는 측량할 수 없는 하나님의 영광을 보았다. 그는 높고 높은 보좌에 앉으신 하나님과 그분의 영광이 방에 가득한 것을 보았다. 하나님 주위에는 스랍이라는 수많은 천사들이 서 있었는데, 그들은 하나님의 크신 영광 때문에 날개로 얼굴을 가린 채 이렇게 외쳤다.

"거룩하다 거룩하다 거룩하다 만군의 여호와여 그의 영광이 온 땅에 충만하도다" 사 6:3.

우리는 교회에서도 이런 찬양을 불러 왔다. 그러나 천사들 안에 있었던 열정 없이 그냥 부를 때가 많다. 그 찬양을 부르면서 하품을 하거나 주위를 둘러보는 사람들도 흔히 볼 수 있다. 하나님의 성전의 분위기와 얼마나 다른 모습인가!

천사들은 결코 지루해하거나 들떠 있지 않다. 그들은 단순히 좋은 노래를 부르고 있는 것이 아니다. "하나님, 전 수백만 년 동안 주님 보좌 앞에서 이 노래를 불러 왔습니다. 다른 천사와 교대하게 해주실 생각은 없으신가요? 전 하늘나라의 다른 부분들을 탐험해 보고 싶어요"라고 말하지 않는다. 그들은 하나님의 보좌 앞에서 큰 소리로 찬양하는 것 외에 다른 것은 아무 것도 바라지 않을 것이다.

이 눈부신 천사들은 단순히 노래만 부르는 것이 아니라 자기들이 본 것에 대해 반응하고 있는 것이다. 매순간, 베일로 가려진 눈을 통해 희미하게나마 하나님의 영광의 또다른 면과 더 위대한 특성들을 본다. 그리고 그 영광에 사로잡혀 이렇게 소리친다. "거룩하다, 거룩하다, 거룩하다!" 그들이 한 목소리로 외치는 소리가 너무 커서 문기둥이 흔들리고, 성전 전체가 연기로 가득하다. 이 세상 음파에 건물이 흔들리는 것과 하늘나라 건축물의 문기둥이 흔들리는 것은 차원이 다르다!

이 천사들은 헤아릴 수 없을 만큼 긴 세월 동안 하나님의 보좌 주변에 존재했다. 그러나 끊임없이 하나님의 능력과 지혜의 계시를 새롭게 경험하고 있다. 하나님의 위대하심은 실로 측량할 수 없다.

■ ∷ ■

앞 장에서 하나님의 영광을 우리의 관념으로, 편협하고 유한한 인간의 수준으로 격하시키는 인간의 어리석음에 대해 이야기했다. 이런 모습은 교회 안에서 놀라울 만큼 분명히 나타났다. 이 장의 나머지 부분에서는 하나님의 창조에 나타난 그분의 영광을 조금이나마 살펴보려 한다. 형식적인 면을 뛰어넘어, 성경에 묘사된 놀라운 기적을 묵상해 보자. 하나님의 창조가 우리에게 하나님의 영광을 말하고 있고, 깊이 생각할 점들을 보여 주기 때문이다.

"여호와여 주께서 지으신 모든 것들이 주께 감사하며…그들이 주의 나라의 영광을 말하며 주의 업적을 일러서" 시 145:10-11.

창조의 역사가 하나님의 영광을 말한다

나에게는 아들이 네 명 있다. 그 아이들이 어렸을 때 어느 프로 농구선수에게 깊이 빠져 있을 때가 있었다. 미국에서 가장 인기 있는 운동선수로 많은 사람들의 우상이었다. NBA 결승전이 한창 열리고 있을 때였다. 이 선수의 이름이 신문과 우리 아들들과 친구들의 입에 계속 오르내리고 있었다.

당시 나는 가족과 함께 대서양 연안에서 사역하고 있었다. 아이들이 신나게 파도를 타고 해변에서 뛰놀다가 집으로 막 돌아왔을 때였다. 수영 후 몸을 말리면서, 큰 아이들 셋과 함께 앉아 '아빠와의 대화 시간'을 가졌다.

나는 창문을 가리키며 물었다. "얘들아, 저기 저 대양은 정말 거대하지 않니?"

아이들은 일제히 대답했다. "네, 아빠."

나는 계속 말했다. "우리가 볼 수 있는 건 몇 킬로미터밖에 안 되지만, 실제로는 수천 킬로미터나 된단다."

따뜻한 수건으로 몸을 감싼 아이들은 눈을 동그랗게 뜨고 듣고 있었다. "와!"

"그리고 이 바다가 가장 큰 바다도 아니야. 태평양이라고 하는 더 큰 바다가 있지. 그 외에도 두 개가 더 있단다." 아이들은 창 밖에서 들려오는 거센 파도 소리에 귀를 기울이며 놀란 표정으로 말없이 고개만 끄덕였다.

내가 묘사한 어마어마한 바다의 크기를 아이들이 어느 정도 이해한 것 같아서 이렇게 물었다. "얘들아, 너희가 보는 바다와 또 내가 지금 이야기한 모든 바닷물의 무게를 하나님이 손바닥으로 다신다는 것 알고 있니?" 사 40:12 참조

아이들의 입과 눈에 놀라움이 역력히 나타났다. 농구선수가 농구공을 한 손으로 다루는 모습에 감명을 받은 아이들이었다. 그런데 이제는 농구공을 한 손으로 잡는 것쯤이야 아무것도 아닌 듯했다.

"성경은 또 하나님의 위대하심에 대해 뭐라고 말씀하는지 아니?" 내가 물었다.

"뭐라고 말하는데요, 아빠?"

"하나님이 뼘으로 하늘을 잴 수 있다고 한단다" 사 40:12. 그리고 내 손을 내밀어, 한 뼘이 엄지손가락 끝에서 새끼손가락 끝까지라는 것을 보여 주었다. "하나님은 엄지손가락 끝에서 새끼손가락

3장. 우주에 충만한 하나님의 영광

끝까지의 거리로 우주를 재실 수 있단다!"

우주가 하나님의 영광을 나타낸다

우주가 하나님의 영광을 선포한다. 다윗이 영감을 받아 기록한 말씀을 읽어 보자.

> "하늘이 하나님의 영광을 선포하고 궁창이 그의 손으로 하신 일을 나타내는도다 날은 날에게 말하고 밤은 밤에게 지식을 전하니 언어도 없고 말씀도 없으며 들리는 소리도 없으나 그의 소리가 온 땅에 통하고 그의 말씀이 세상 끝까지 이르도다 하나님이 해를 위하여 하늘에 장막을 베푸셨도다" 시 19:1-4.

끝없는 우주의 광활함을 깊이 생각해 보자. 그러면 하나님의 무한한 영광을 어렴풋이나마 보게 될 것이다! 다윗의 말처럼 "우주가 하나님의 영광을 선포한다." 하나님은 이 땅뿐만 아니라 미지의 우주까지 창조하셨다. 하나님이 손가락으로 하늘의 별들을 배열하셨다 시 8:3 참조. 우리는 그 우주의 광대함을 헤아리기 힘들다.

태양에서 가장 가까이 있는 별도 4.3광년(1광년은 빛이 초속 30만 킬로미터의 속도로 1년 동안 나아가는 거리로 약 9조 4천 6백억 킬로미터다-역주)이나 떨어져 있다고 한다. 좀 더 이해를 돕기 위해 자세히 설명해 보겠다. 빛은 초속 30만 킬로미터로 움직인다. 시속이 아니라 초속이다. 시속으로 하면 약 1,078,030,000킬로미터다. 비행기의 속도가 대략 시속 800킬로미터 정도다.

달은 지구에서 약 385,000킬로미터 정도 거리에서 공전한다. 만일 우리가 비행기로 달까지 가려면 19일이 걸릴 것이다. 그러나 빛은 단 1.3초 만에 간다!

또 태양은 지구에서 149,637,000킬로미터 정도 떨어져 있다. 오늘 당신이 점보제트를 타고 태양까지 간다면 21년도 넘게 걸릴 것이다! 중간에 쉬지 않고 직행으로 가도 말이다! 당신은 21년 전에 어디 있었는가? 그것은 아주 긴 세월이다. 태양까지 가기 위해 단 1분도 쉬지 않고 그 긴 시간을 날아간다는 것이 상상이나 되는가? 자동차를 운전해서 그만큼 가려면 아마 평생을 가도 못갈 것이다. 중간에 주유소나 휴게소에 들리지 않더라도 대략 200년은 걸릴 테니 말이다! 그런데 빛은 단 8분 20초 만에 이 거리를 갈 수 있다!

태양을 떠나 가장 가까운 별로 가 보자. 앞에서 그 별이 지구에서 4.3광년 떨어져 있다는 것을 이미 말했다. 만일 우리가 지구, 태양, 그리고 가장 가까운 별의 모형을 만든다면 다음과 같을 것이다. 먼저 지구를 완두콩만한 크기로 만들면, 태양은 지름 20센티미터인 공 정도가 되겠다. 그리고 이 크기에 맞추면 지구에서 태양까지 거리는 24미터쯤 되는데, 이는 축구장 길이의 4분의 1 정도다. 그러나 모형 비행기로 그 24미터를 가려면 21년도 넘게 걸린다.

지구와 태양의 비율이 이렇다면, 우리의 완두콩만한 지구에서 가장 가까운 별은 얼마나 떨어져 있을지 짐작이 가는가? 1,000미터? 2,000미터? 어림도 없다. 가장 가까운 별은 그 완두콩으로부터 약 6,400킬로미터쯤 떨어져 있다! 이 가장 가까운 별까지 비행기로 가려면 중간에 쉬지 않고 가도 약 510억 년은 걸릴 것이다! 510억 년! 그러나 빛은 이 별에서 지구까지 오는 데 겨우 4.3년 걸린다!

좀 더 생각해 보자. 우리가 밤에 맨눈으로 보는 별들은 100광년에서 1,000광년 정도 떨어진 곳에 있다. 그러나 어떤 별들은 4,000광년 떨어져 있어도 맨눈으로 볼 수 있다. 그중 한 별까지 비행기로 간다면 얼마나 걸릴지 계산할 엄두도 낼 수 없다.

하지만 생각해 보라. 빛은 초속 30만 킬로미터로 움직이니 지구까지 오는 데 약 4,000년이 걸린다. 즉, 이 별들의 빛은 모세가 홍해를 가르기 전에 처음 나타나 중간에 쉬거나 속도를 늦추지 않고 시속 1,078,030,000킬로미터로 와서 지금 지구에 이른 것이다!

그러나 이것들은 우리 은하계 안에 있는 별들에 불과하다. 은하계는 무수한 별들의 거대한 집단이다. 우리 은하계에서 가장 가까운 은하계는 안드로메다 은하계다. 그것은 약 231만 광년 정도 떨어져 있다! 200만 광년이 넘는 그 거리를 상상해 보라! 벌써 이해의 한계에 달하지 않았는가?

과학자들은 우주에는 수십억 개의 은하계가 존재하며, 각각의 은하계 안에 수십억 개의 별들이 있다고 말한다. 은하계들은 집단을 이루는 경향이 있다. 안드로메다 은하계와 우리 은하계는 적어도 30개 은하계로 구성된 집단에 속한다. 또 다른 집단들에는 수천 개의 은하계들이 포함된다.

기네스북에 따르면, 1994년 6월에 고치 모양의 새로운 은하계 집단들이 발견되었다고 한다. 이 은하계 집단을 횡단하는 거리가 약 6억 5천만 광년으로 추정되었다! 그 방대한 거리를 비행기로 횡단한다면 얼마나 걸리겠는가?

또 기네스북에 보면, 인간이 볼 수 있는 가장 먼 거리의 물체는 약 132억 광년 정도 떨어져 있다고 한다. 우리의 한정된 지성으로는 이 어마어마한 거리를 생각조차 할 수 없다. 우주의 끝은 말할 것도 없고 은하계 집단의 끝도 볼 수가 없으니 말이다. 그런데 하나님은 이 모든 것을 뼘으로 재실 수 있다고 한다! 마지막으로, 시편 기자는 이렇게 말한다.

> "그가 별들의 수효를 세시고 그것들을 다 이름대로 부르시는도다 우리 주는 위대하시며 능력이 많으시며 그의 지혜가 무궁하시도다" 시 147:4-5.

하나님은 그 무수한 별들을 세실 수 있을 뿐만 아니라, 각 별들의 이름까지 아신다고 한다! 그러니 시편 기자는 "그의 지혜가 무궁하시도다"라고 외치지 않을 수 없었던 것이다. 솔로몬은 "하나님이 참으로 땅에 거하시리이까 하늘과 하늘들의 하늘이라도 주를 용납하지 못하겠거든" 왕상 8:27이라고 말했다. 하나님의 영광이 얼마나 큰지 점점 감이 오는가?

피조물에 나타난 하나님의 놀라운 지혜

"여호와께서 그의 권능으로 땅을 지으셨고 그의 지혜로 세계를 세우셨고" 렘 10:12.

피조물에는 하나님의 큰 영광과 능력뿐 아니라 그분의 크신 지혜와 지식도 나타난다. 과학은 이 자연계의 현상을 연구하는 데 오랜 세월 동안 어마어마한 돈을 썼다. 그러나 하나님의 설계와 건축 재료들은 여전히 밝혀지지 않은 채 신비로 남아 있다.

생명이 있는 모든 피조물에는 세포라는 것이 있다. 세포는 인간의 몸, 식물, 동물, 그 밖의 모든 생명체의 건축 재료라 할 수 있다. 신비 그 자체인 인간의 몸만 해도 약 100,000,000,000,000개의 세포가 있다(100조 개. 이 숫자를 이해할 수 있겠는가). 세포의 종류도 각양각색이다. 이 세포들이 각각 독특한 임무를 수행하게 하신 하나님의 지혜가 참으로 놀랍다. 그 세포들은 자라고, 번식하고, 결국 죽는데, 모든 과정이 정해진 계획대로 진행된다.

비록 맨눈으로는 볼 수 없지만, 세포는 인간에게 알려진 가장 작은 입자가 아니다. 세포는 분자라고 하는 더 작은 조직들로 구성되어 있고, 분자는 그보다 더 작은 원자들로 구성되어 있다. 그리고 원자 안에서는 더 작은 원소들을 발견할 수 있다.

원소가 얼마만큼 작은가 하면, 이 문장 끝에 붙이는 마침표 안에 10억 개 이상의 원소를 담을 수 있을 정도다. 그렇게 미세한 원소지만 그 안은 대부분 텅 비어 있다. 그리고 나머지 공간은 양성자, 중성자, 전자로 구성되어 있다. 양성자와 중성자는 함께 원소 중앙에 있는 아주 작고 밀집한 핵을 이룬다. 전자라고 하는 작은 에너지 집단은 이 핵 주변을 빛의 속도로 돈다. 이것들이 만물을 결합시키는 핵심 건축 재료들이다.

그러면 원소는 어디서 에너지를 얻는가? 이 강력한 입자들을 결합시키는 힘은 무엇인가? 과학자들은 그것을 원자력이라고 부른다. 이것은 설명할 수 없는 것을 묘사하기 위한 과학적 용어에 불과하다. 하나님은 이미 "그의 능력의 말씀으로 만물을 붙드시며"라고 말씀하셨다히 1:3. 골로새서 1장 17절은 이렇게 말한다. "만물이 그 안에 함께 섰느니라."

여기 우주도 담을 수 없는 영광스러운 조물주가 계신다. 하나님은 뼘으로 그 우주를 측정하는 분이지만, 작은 지구와 피조물들을 얼마나 세밀하게 설계하셨는지 현대 과학자들이 오랜 세월 연구해 왔지만 답을 얻지 못하고 있다.

이제 "내가 주께 감사하옴은 나를 지으심이 심히 기묘하심이라"시 139:14는 시편 기자의 고백이 좀 더 명확하게 이해가 될 것이다. 이렇게 해서, "어리석은 자는 그의 마음에 이르기를 하나님이 없다 하는도다"시 14:1라는 말씀의 의미가 명확해진다.

하나님의 창조의 신비와 지혜에 대해 쓰자면 여러 권의 책으로 쓸 수 있을 것이다. 그러나 여기서 내가 말하고자 하는 바는 그런 것이 아니다. 다만 하나님의 손으로 만드신 것들이 얼마나 놀랍고 신비한지 일깨워 주려는 것이다. 그 피조물이 하나님의 크신 영광을 선포하기 때문이다!

내 아들들의 이야기로 다시 돌아가겠다. 이 모든 과학적 사실들을 아이들이 이해할 수 있는 말로 이야기해 준 후, 마지막으로 나는 이렇게 물었다. "그런데 너희는 고작 농구장에서 높이 점프해 공기로 가득한 공을 작은 골대에 넣는 사람을 보고 감동하니?"

아이들은 "무슨 말인지 알았어요, 아빠!" 하고 말했다.

그 후로, 이 선수를 보는 아이들의 시각은 영웅 숭배에서 건전한 존경심으로 바뀌었다. 실제로 그 아이들이 가지고 있던 농구카드는 이제 '기도 카드'라고 불린다. 다른 사람들이 영웅으로 보는 이 선수들의 구원을 위해 기도하는 것이다.

이제 하나님이 욥에게 하신 말씀의 진정한 의미를 조금 더 잘 이해할 수 있을 것이다.

"누가 먼저 내게 주고 나로 하여금 갚게 하겠느냐 온 천하에 있는 것이 다 내 것이니라" 욥 41:11.

그 하나님이 당신을 섬세히 돌보신다

"주의 손가락으로 만드신 주의 하늘과 주께서 베풀어 두신 달과 별들을 내가 보오니 사람이 무엇이기에 주께서 그를 생각하시며 인자가 무엇이기에 주께서 그를 돌보시나이까"시 8:3-4.

비록 증명할 수는 없지만, 나는 시편 8편이 하나님의 보좌를 둘러싼 강한 스랍 천사들 중 한 명이 피조물을 보고 한 말을 기록한 것이라 믿는다. 잠시 이 구절을 묵상하며, 우리도 이 천사의 눈으로 보려고 해보자. 우주를 창조하시고 손가락으로 별들을 달아 놓으신 두렵고 위대하신 하나님이 지금 지구라는 작은 행성에 오셔서, 아무 가치도 없어 보이는 작은 티끌로 사람의 몸을 만드신다.

그런데 이 천사가 정말 놀란 것은, 하나님의 모든 관심이 오로지 사람이라는 이 존재에 쏠려 있었다는 것이다. 시편 기자는 우리를 향한 주의 생각이 너무나 보배롭고, 그 수가 어찌 그리 많은지 세려고 해도 땅의 모래보다 더 많다고 말했다시 139:17-18. 이것을 볼 때, 나는 이 천사가 이렇게 외쳤으리라 믿는다. "대체 이것이 무엇이기에 주께서 그렇게 관심을 가지시며 애정을 쏟아 부으시는 겁니까? 그 작은 것이 무엇이기에 주께서 계속 마음에 두시며, 모든 계획의 초점을 그들에게 맞추시는 것입니까?"

이제 가만히 주의 손으로 하신 일들을 묵상하는 시간을 갖도록 하자. 그렇게 할 때, 피조물이 당신에게 하나님의 영광을 선포할 것이다!

THE FEAR OF THE LORD

하나님의 영광을 대면할 준비

하나님의 영광이 임하기 전에
먼저 하나님의 질서가 형성되어야 한다.

> 어두운 데에 빛이 비치라 말씀하셨던 그 하나님께서
> 예수 그리스도의 얼굴에 있는 하나님의 영광을 아는 빛을
> 우리 마음에 비추셨느니라 고후 4:6.

이 장에서 우리는 성경 전체에 나타나는 중요한 패턴을 확인할 것이다. 그것은 오늘날 제기되는 문제들을 뒷받침해 주는 역사적인 틀이 될 것이다.

캐나다 서스캐처원에서 열리기로 예정된 네 번의 집회 중 첫날 밤이었다. 사회자가 나를 소개하는 중이었고, 나는 적어도 3분 안에 강단에 서게 될 것이었다. 그런데 갑자기 성령님께서 급히 나에게 신구약 성경 전체에 나타나는 한 가지 패턴을 보여 주셨다. 그것은 **거룩한 질서 – 하나님의 영광 – 심판**이다.

하나님은 2분도 채 안 되는 그 짧은 시간에 내 눈을 열어 주셔서 이 패턴을 보게 하셨고, 내 앞에 있는 갈급한 캐나다사람들에게 그것을 설교해야 한다고 가르쳐 주셨다. 그날 저녁 집회는 내가 인도한 예배 중에 가장 강력한 예배였기 때문에 그 진리를 함께 나누고자 한다.

창조 때 나타난 하나님의 패턴

먼저 기초를 쌓기 위해, 시작 지점인 하나님이 창조하신 때로 가 보자.

"땅이 혼돈하고 공허하며 흑암이 깊음 위에 있고 하나님의 영은 수면 위에 운행하시니라" 창 1:2.

'혼돈하다'라는 말은 두 히브리어 단어, '하야' *hayah* 와 '토후' *tohuw* 가 결합된 말이다. 좀 더 자세히 설명하면, "땅이 형태가 없고 혼란스럽게 되었다"는 뜻이다. 즉 질서가 없는 상태였다.

거룩한 질서

하나님의 영이 이 혼돈 위에 운행하셨다고 하지만 하나님의 말씀이 선포되기 전까지는 아무 일도 하지 않으셨다. 하나님의 말씀이 선포되면서, 지구에 거룩한 질서가 작동하기 시작했다. 하나님은 엿새 동안 땅을 준비하신 후, 자신의 영광을 그 속에 불어넣으셨다. 하나님 자신을 위해 만드신 동산을 정성껏 돌보셨다. 그리고 하나님의 사람을 만드셨는데, 그 사람이 바로 창조의 초점이었다. 동산을 준비하신 후 하나님은 "땅의 티끌로 사람을 만드셨다." 과학은 인간 몸의 모든 화학적 요소가 지각 속에 있음을 발견했다. 그런 기술적인 면과 과학적인 신비도 다 하나님이 설계하신 것이다.

하나님은 이 땅에 거룩한 질서를 확립하시는 데 6일을 쓰셨다. 그 다음에는 인간의 몸 속을 정돈하셨다. 그리고 거룩한 질서가 잡히자, 하나님이 "생기를 그 코에 불어넣으시니 사람이 생령이 되"었다창 2:7. 말 그대로 하나님이 인간의 몸 안에 그분의 영을 불어넣으신 것이다.

영광

남자는 하나님의 형상대로 창조되었고, 그 다음에 남자의 옆구리에서 취한 뼈로 여자가 만들어졌다. 둘 다 실오라기 하나 걸치고 있지 않았다. "아담과 그의 아내 두 사람이 벌거벗었으나 부끄러워하지 아니하니라"25절. 다른 피조물들은 모두 덮은 것이 있었다. 동물들은 털이, 새들은 깃털이, 어류는 비늘이나 껍질이 있었다. 그러나 인간은 덮개가 필요하지 않았다. 시편 기자는 하나님이 "영화와 존귀로 관을 씌우셨다"시 8:5고 말하지 않는가? '관을 씌우다'에 해당하는 히브리어는 '아타르'*atar*이다. 그것은 '에워싸다, 둘러싸다'라는 뜻이다. 본래 하나님의 영광의 옷을 입은 사람들은 자연적인 옷이 필요하지 않았던 것이다.

이 최초의 부부가 경험한 축복은 말로 표현할 수 없는 것이었다. 동산은 경작하지 않아도 열매를 맺었다. 동물들은 인간과 조화를 이루며 지냈다. 고통과 질병, 가난도 없었다. 하지만 무엇보다도 이 부부는 하나님의 영광 속에서 하나님과 함께 거니는 특권을 누렸다!

심판

하나님은 먼저 그분의 말씀과 영으로 거룩한 질서를 세우셨고, 그 다음에 그분의 영광을 나타내셨다. 풍성한 축복이 임했지만 그 다음에 타락이 왔다. 주 하나님이 인간에게 선악을 알게 하는 나무 열매를 먹지 말라고 명령하셨다. 불순종하면 그 즉시 영적으로 죽게 되기 때문이다.

그런데 사탄이 하나님을 조롱하며, 자신의 왜곡된 논리로 하나님의 말씀에 도전장을 내밀었다. "너희가 결코 죽지 아니하리라 너희가 그것을 먹는 날에는 너희 눈이 밝아져 하나님과 같이 되어 선악을 알 줄 하나님이 아심이니라"창 3:4-5. 그때 아담은 자신이 무슨 짓을 하는 건지 뻔히 알면서 하나님께 불순종하는 길을 택했다. 그것은 그야말로 엄청난 반역이었다. 이 일이 일어나자 바로 심판이 뒤따라왔다.

그 즉시 아담과 하와는 자신들이 벌거벗었다는 것을 알았다. 하나님의 영광이 떠나자, 그들은 영적으로 죽은 상태에서 하나님과 분리되어 벌거벗은 채 남겨진 것이다. 그들은 벗은 몸을 어떻게든 가리려고 급한 대로 나뭇잎과 덩굴로 직접 옷을 만들어 입었다. 하나님은 그들이 한 짓에 대해 심판을 선고하셨지만 손수 가죽옷을 지어 입히셨다. 양가죽이었을 가능성이 큰데, 이는 장차 오셔서 인간과 하나님과 관계를 회복시켜 주실 하나님의 어린양을 예표하는 것이었다.

심판은 엄격했다. 타락한 이 부부는 영생이 있는 동산에서 쫓겨났다. 하나님의 영광의 임재 속에서 불순종한 결과였다.

하나님의 거룩한 질서가 다시 세워진 곳, 성막

몇 백 년이 지난 후, 하나님이 드디어 아브람을 찾아오셔서 친구가 되신다. 하나님은 아브람과 언약을 맺으시고 그의 이름을 아브라함으로 바꾸어 주신다. 이 사람의 순종을 통해, 앞으로 올 세대들에게 다시 한 번 하나님의 약속이 주어진다. 아브라함의 후손들은 애굽에서 400년 넘게 종살이를 한다. 그들이 곤경을 당할 때, 하나님은 선지자이자 인도자로 모세를 세워 주신다.

아브라함의 후손들이 종살이에서 해방되자, 하나님은 그들을 광야로 인도하신다. 황량한 시내산에서 하나님은 그의 백성들과 함께 거하시려는 계획의 밑그림을 보여 주신다. 모세에게 "내가 그들의 하나님 여호와로서 그들 중에 거하려고 그들을 애굽 땅에서 인도하여 낸 줄을 알리라" 출 29:46 고 말씀하신 것이다.

이제 다시 하나님은 인간과 함께 거니실 것이다. 이것이 항상 하나님의 소원이었기 때문이다. 그러나 인간이 타락했기 때문에 하나님은 인간 안에 거하실 수 없다. 그래서 모세에게 "내가 그들 중에 거할 성소를 그들이 나를 위하여 짓게 하라" 출 25:8 고 지시하신다. 이 성소는 성막이라고 불렸다.

하나님의 영광이 임하기 전에 먼저 하나님의 질서가 세워져야 한다. 따라서 하나님은 모세에게 성막 짓는 법을 세심하게 일러 주신다. 누가 성막을 지어야 하는지, 누가 그 안에서 섬겨야 하는지, 모든 사항을 꼼꼼하게 일러 주신다. 또 성막의 재료, 크기, 비품, 제물들까지 상세히 지시하신다. 실제로 출애굽기의 많은 장들이 이런 세부적인 지시사항들로 가득하다.

이렇게 사람이 만든 성소는 하늘의 성소를 반영했다히 9:23-24. 하나님은 모세에게 "삼가 모든 것을 산에서 네게 보이던 본을 따라 지으라"고 경고하셨다히 8:5, 출 25:40 참조. 모든 것을 하나님이 보여주신 대로 정확히 따르는 것이 매우 중요했다. 이것은 왕이신 하나님의 영광이 그들 앞에 나타나기 전에 반드시 필요한 거룩한 질서를 세우기 위한 것이기 때문이다. 회중이 바친 헌물로 필요한 재료들이 모두 공급되었다. 금, 은, 청동, 청색실, 자색실, 홍색실, 세마포, 가죽, 모피, 아카시아나무, 기름, 향료, 보석 등이었다.

하나님이 모세에게 말씀하셨다. "내가 유다 지파…브살렐을 지명하여 부르고 하나님의 영을 그에게 충만하게 하여 지혜와 총명과 지식과 여러 가지 재주로…내가 또 단 지파 아히사막의 아들 오홀리압을 세워 그와 함께 하게 하며 지혜로운 마음이 있는 모든 자에게 내가 지혜를 주어 그들이 내가 네게 명령한 것을 다 만들게 할지니"출 31:2-6.

하나님의 질서를 세우기 위해 하나님의 영이 이 사람들에게 임했다. 이 모든 기술자들이 성막을 짓기 시작했다. 그들은 휘장, 칸막이, 기둥을 만들었다. 증거궤, 진설병 상, 금촛대, 향단, 번제단, 놋대야를 만들었다. 또 제사장의 옷과 관유를 만들었다.

"여호와께서 모세에게 명령하신 대로 이스라엘 자손이 모든 역사를 마

> 치매 모세가 그 마친 모든 것을 본즉 여호와께서 명령하신 대로 되었으므로 모세가 그들에게 축복하였더라 여호와께서 모세에게 말씀하여 이르시되 너는 첫째 달 초하루에 성막 곧 회막을 세우고"출 39:42-40:2.

하나님의 지시는 매우 구체적이어서, 성막은 정해진 날짜에 세워져야 했다. 첫째 달 초하루가 되었다. 모세와 기술공들이 성막을 세웠다. 그리고 성경은 "모세가 이같이 역사를 마치니"출 40:33라고 말한다.

이제 모든 것이 준비되었다. 하나님의 말씀으로 거룩한 질서가 세워졌고 백성들은 성령의 인도를 따랐다. 이제 무슨 일이 일어나는지 보자.

> "구름이 회막에 덮이고 여호와의 영광이 성막에 충만하매 모세가 회막에 들어갈 수 없었으니 이는 구름이 회막 위에 덮이고 여호와의 영광이 성막에 충만함이었으며"출 40:34-35.

하나님의 질서가 세워지자, 하나님이 그의 영광을 드러내셨다. 하나님의 영이 사람들을 통해 역사하고 하나님의 말씀과 조화를 이루어 다시 한 번 거룩한 질서를 세울 것이다.

오늘날 대부분의 성도들은 하나님의 영광에 대한 이해가 부족하다. 나는 여러 집회에서 사역자들이 "하나님의 영광이 이곳에 있습니다"라고 선포하는 것을 들었다. 정확히 알고 한 말인지 사람들을 자극하려고 한 말인지 모르겠다. 그러면 여기서 하나님의 영광이 어떤 것인지 살펴보자.

하나님의 영광이란 어떤 것일까?

하나님의 영광은 구름이 아니다. 어떤 사람은 이렇게 물을지도 모른다. "그러면 왜 성경에 하나님의 영광이 나타날 때마다 거의 구름이 언급되는 겁니까?" 그 이유는 다음과 같다. 하나님이 구름 속에 자신을 숨기시기 때문이다. 하나님은 너무나 위대하셔서 인간의 눈으로 볼 수 없다. 만일 구름이 하나님의 얼굴을 가려 주지 않으면 그 주변에 있는 사람들 모두 즉사하고 말 것이다.

"모세가 이르되 원하건대 주의 영광을 내게 보이소서…또 이르시되 네가 내 얼굴을 보지 못하리니 나를 보고 살 자가 없음이니라" 출 33:18-20.

인간의 육신은 영광 가운데 계신 거룩한 주님 앞에 감히 설 수 없다. 바울은 이렇게 말한다.

"하나님은 복되시고 유일하신 주권자이시며 만왕의 왕이시며 만주의 주시요 오직 그에게만 죽지 아니함이 있고 가까이 가지 못할 빛에 거하시고 어떤 사람도 보지 못하였고 또 볼 수 없는 이시니 그에게 존귀와 영원한 권능을 돌릴지어다 아멘"딤전 6:15-16.

히브리서 12장 29절에서는 하나님을 '소멸하는 불'이라고 말한다. 이는 벽난로 같은 한정된 공간 안에 담을 수 없는 불이다. "하나님은 빛이시라 그에게는 어둠이 조금도 없으시다"요일 1:5. 벽난로 속에서 타오르는 불은 완벽한 빛을 내지 못한다. 거기엔 어두움이 있다. 그 불에 가까이 다가가 들여다볼 수도 있다.

그러면 좀 더 강렬한 빛을 떠올려 보자. 레이저빔은 어떤가? 매우 집중되고 강렬한 빛이지만 그것도 완벽한 빛은 아니다. 밝고 강력하긴 하지만 레이저 빛 안에도 어두움은 있다. 그렇다면 태양은 어떨까? 태양은 거대하고, 접근하기 어렵고, 밝고, 강력하지만 그 빛 안에도 역시 어두움이 있다.

바울은 이렇게 말한다. 하나님의 영광은 "가까이 가지 못할 빛이며, 어떤 사람도 보지 못하였고 또 볼 수 없다." 바울은 다메섹 도상에서 이 빛을 어느 정도 경험했기 때문에 이렇게 말할 수 있었을 것이다. 그는 아그립바 왕에게도 비슷한 말을 했다.

"왕이여 정오가 되어 길에서 보니 하늘로부터 해보다 더 밝은 빛이 나와 내 동행들을 둘러 비추는지라"행 26:13.

바울은 이 빛이 정오의 해보다 더 밝았다고 말했다! 한낮에 해를 똑바로 바라볼 수 있는가? 구름이 가려 주지 않으면 태양을 똑바로 쳐다보기가 힘들다. 그런데 영광 가운데 계신 하나님은 이 빛보다 훨씬 더 밝다고 했다. 바울은 하나님의 얼굴을 보지 못했다. 단지 하나님으로부터 나오는 빛을 보았을 뿐이다. 그러니 "주님 누구시니이까?"하고 물었을 것이다. 그는 하나님의 형체나 얼굴을 보지 못했지만, 하나님의 영광으로부터 나오는 빛, 중동지방의 강렬한 햇빛까지도 압도했던 그 빛 때문에 눈이 멀기까지 했다!

아마 이것이 선지자 요엘과 이사야가 마지막 날에 하나님의 영광이 나타나면 태양이 어두움으로 변할 것이라고 말한 이유일 것이다.

"보라 여호와의 날이 이르러…땅을 황폐하게 하며 그 중에서 죄인들을 멸하리니 하늘의 별들과 별 무리가 그 빛을 내지 아니하며 해가 돋아도 어두우며 달이 그 빛을 비추지 아니할 것이로다"사 13:9-10.

하나님의 영광이 다른 빛을 모두 압도할 것이다. 그분은 완전하시며 소멸하는 불이시다.

"사람들이 암혈과 토굴로 들어가서 여호와께서 땅을 진동시키려고 일어나실 때에 그의 위엄과 그 광대하심의 영광을 피할 것이라"사 2:19.

하나님의 영광이 너무나 압도적이어서, 시내산에서 하나님이 어두운 구름 가운데 이스라엘 자녀들 앞에 나타나셨을 때 백성들은 두려워 소리치며 뒤로 물러났다.

모세는 그 장면을 이렇게 묘사한다.

"여호와께서 이 모든 말씀을 산 위 불 가운데, 구름 가운데, 흑암 가운데에서 큰 음성으로 너희 총회에 이르신 후에…산이 불에 타며 캄캄한 가운데에서 나오는 그 소리를 너희가 듣고 너희 지파의 수령과 장로들이 내게 나아와 말하되 우리 하나님 여호와께서 그의 영광과 위엄을 우리에게 보이시매 불 가운데에서 나오는 음성을 우리가 들었고 하나님이 사람과 말씀하시되 그 사람이 생존하는 것을 오늘 우리가 보았나이다 이제 우리가 죽을 까닭이 무엇이니이까 이 큰 불이 우리를 삼킬 것이요 만일 우리가 우리 하나님 여호와의 음성을 다시 들으면 죽을 것이라" 신 5:22-25.

비록 그들은 짙은 구름 속에 가려진 하나님을 보았지만, 하나님의 영광의 빛은 결코 구름에 가려지지 않았다.

이제 다시 이 질문을 해 보자. "하나님의 영광이 무엇인가?" 해답을 얻기 위해 모세가 시내산에서 하나님께 한 요구를 살펴보자.

"주의 영광을 내게 보이소서" 출 33:18.

여기서 모세가 말한 '영광'에 해당하는 히브리어 단어는 '카보

드'*kabowd*다. 스트롱 성구 사전은 '(비유적으로 말할 때만) 좋은 의미로 어떤 것의 무게'라고 정의한다. 이 안에는 광채, 풍성함, 명예라는 의미도 있다. 따라서 모세는 "주의 모든 광채를 제게 보여 주십시오"라고 말한 것이다. 이에 대한 하나님의 응답을 자세히 살펴보자.

> "여호와께서 이르시되 내가 내 모든 선한 것을 네 앞으로 지나가게 하고 여호와의 이름을 네 앞에 선포하리라" 출 33:19.

모세는 하나님의 모든 영광을 보여 달라고 했는데, 하나님은 그것을 '내 모든 선한 것'이라고 말씀하셨다. '선한 것'에 해당하는 히브리어 단어는 '토브*tuwb*'다. 그것은 '가장 넓은 의미에서 선한 것'을 의미한다. 즉 아무것도 억제되지 않은 것이다.

그리고 하나님은 이렇게 말씀하신다. "여호와의 이름을 네 앞에 선포하리라." 세상의 왕이 왕실로 들어가기 전에는 항상 왕의 이름을 큰 소리로 선포한 후 왕실로 들어갔다. 모든 사람이 왕의 위대함을 알았고, 그의 궁전에서는 아무도 누가 왕인지 헷갈려 하지 않았다. 그런데 이 왕이 평범한 옷을 입고 수행원도 없이 도시의 거리로 나가면, 지나가는 사람들이 그의 정체를 알아보지 못할지도 모른다. 하나님이 모세에게 하신 일도 본질상 이와 같은 것이었다. 즉 하나님은 이렇게 말씀하신다. "내가 내 이름을 선포하고 화려한 광채를 발하며 너를 지나가겠다."

그래서 우리는 하나님을 하나님 되게 하는 것이 바로 하나님의 영광이라는 것을 알게 된다. 하나님의 특성, 권위, 능력, 지혜, 그야말로 측량할 수 없는 가치와 위대함이 모두 하나님의 영광 속에 포함되어 있다. 감추어진 것은 아무것도 없다!

성령 안에서 보는 하나님의 영광

예수 그리스도의 얼굴 속에서 하나님의 영광이 드러난다고 한다고후 4:6. 많은 사람들이 예수님의 환상을 보았고 그분의 얼굴을 보았다고 주장했다. 충분히 그럴 수 있다. 바울은 그것을 이렇게 묘사했다. "우리가 지금은 거울로 보는 것 같이 희미하나 그 때에는 얼굴과 얼굴을 대하여 볼 것이요"고전 13:12. 하나님의 영광이 흐릿한 거울에 가려져 있어, 아무도 완전히 드러난 하나님의 영광과 생명을 볼 수 없는 것이다.

"그렇지만 제자들은 예수님이 죽음에서 부활하신 후에 그 얼굴을 뵈었지 않습니까!"라고 말할 사람도 있을 것이다. 그것도 맞는 말이다. 그러나 주님께서 숨김없이 그분의 영광을 드러내시지는 않았다. 구약성경에도 하나님을 본 사람들이 몇몇 있었지만, 하나님의 영광 속에서 나타나신 것은 아니었다. 하나님은 마므레의 상수리나무들이 있는 곳에서 아브라함에게 나타나셨다창 18:1-2. 여호수아는 여리고를 침공하기 전에 하나님의 얼굴을 보았다수 5:13-14. 하나님은 그에게 "네 발에서 신을 벗으라 네가 선 곳은 거룩하니라"15 절고 말씀하셨다.

부활 후에도 마찬가지다. 제자들은 디베랴 바닷가에서 예수님과 함께 아침식사로 생선을 먹었다요 21:9-10. 두 제자들은 엠마오로 가는 길에 예수님과 동행했지만 "그들의 눈이 가리어져서 그인줄 알아보지 못했다"눅 24:16. 이들이 주님의 얼굴을 볼 수 있었던 것은 주님이 영광을 모두 드러내지 않으셨기 때문이다.

반대로, 사도 요한은 성령에 감동되어 주님을 보았을 때, 바닷가에서 주님과 함께 아침식사할 때와는 완전히 다른 만남을 경험했다. 그것은 요한이 영광 중에 계신 주님을 보았기 때문이다.

> "주의 날에 내가 성령에 감동되어 내 뒤에서 나는 나팔 소리 같은 큰 음성을 들으니…몸을 돌이켜 나에게 말한 음성을 알아보려고 돌이킬 때에 일곱 금 촛대를 보았는데 촛대 사이에 인자 같은 이가 발에 끌리는 옷을 입고 가슴에 금띠를 띠고 그의 머리와 털의 희기가 흰 양털 같고 눈 같으며 그의 눈은 불꽃 같고 그의 발은 풀무불에 단련한 빛난 주석 같고 그의 음성은 많은 물 소리와 같으며 그의 오른손에 일곱 별이 있고 그의 입에서 좌우에 날선 검이 나오고 그 얼굴은 해가 힘있게 비치는 것 같더라 내가 볼 때에 그의 발 앞에 엎드러져 죽은 자 같이 되매" 계 1:10, 12-17.

주님의 얼굴은 해가 힘 있게 비치는 것 같더라고 했다. 그렇다면 요한은 어떻게 주님을 볼 수 있었던 것일까? 그 이유는 그가 성령 안에 있었기 때문이다. 이사야가 성령 안에서 주님의 보좌와 그 위에 있는 스랍들과 보좌에 앉으신 분을 보았던 것처럼 말이다사 6:1-4. 반면에 모세가 하나님의 얼굴을 보지 못한 것은 그가 육신 안에 있었기 때문이다.

하나님은 영광으로 가득한 분이시다. 이것은 우리가 이해할 수 있는 능력과 범위를 훨씬 초월하는 것이다. 위대한 스랍들도 두려움과 놀라움에 사로잡혀 계속해서 "거룩하다, 거룩하다, 거룩하다…" 하고 외쳤을 정도로 말이다. 네 생물들은 주님의 보좌 앞에서 "거룩하다 거룩하다 거룩하다 주 하나님 곧 전능하신 이여 전에도 계셨고 이제도 계시고 장차 오실 이시라"고 외친다계 4:8.

> "그 생물들이 보좌에 앉으사 세세토록 살아 계시는 이에게 영광과 존귀와 감사를 돌릴 때에 이십사 장로들이 보좌에 앉으신 이 앞에 엎드려 세세토록 살아 계시는 이에게 경배하고 자기의 관을 보좌 앞에 드리며 이르되 우리 주 하나님이여 영광과 존귀와 권능을 받으시는 것이 합당하오니 주께서 만물을 지으신지라 만물이 주의 뜻대로 있었고 또 지으심을 받았나이다 하더라"계 4:9-11.

모든 피조물이 영원히 영광을 돌려도 하나님이 마땅히 받으실 만한 영광에 미치지 못한다! 우리는 우주와 세상을 창조하신 분을 섬기고 있다는 것을 잊지 말아야 한다. 그분은 영원한 세계에서 오셨고 앞으로도 영원하실 것이다! 주님과 같은 이는 아무도 없다. 주께서 일부러 그분의 영광을 드러내지 않으시는 것은 우리가 사랑과 경의로 주님을 섬기는지, 아니면 세상에서는 영광을 받지만 주님에 비하면 아무것도 아닌 것에 관심을 가지는지 보시려는 것이다.

다시 모세가 성막을 세운 시점으로 돌아가 보자. 성막이 세워지자 거룩한 질서가 확립되었다. 모든 것이 정돈되자 곧 다음과 같은 일이 일어났다.

> "구름이 회막에 덮이고 여호와의 영광이 성막에 충만하매 모세가 회막에 들어갈 수 없었으니 이는 구름이 회막 위에 덮이고 여호와의 영광이 성막에 충만함이었으며" 출 40:34-35.

이제 하나님의 영광에 대해 살펴보았으니 하나님의 친구였던 모세조차 그 영광 속에 들어갈 수 없었던 이유를 이해할 수 있을 것이다. 성막에는 하나님의 영광이 가득했다!

이스라엘 가운데 거하며 나타난 하나님의 영광은 그들에게 엄청난 축복이 되었다. 하나님의 영광스러운 임재 안에 하나님의 섭리와 인도하심, 치유, 보호가 있었다. 어떤 원수도 이스라엘 앞에 맞서지 못했다. 하나님의 말씀의 계시가 충만했다.

또 하나님의 영광의 구름은 한낮에는 사막의 뜨거운 열기로부터 이스라엘 자손들을 가려 주었고 밤에는 따뜻한 온기와 빛을 주었다. 그들에게 필요한 것들이 부족함 없이 채워졌다.

거룩하신 하나님을 평범하게 대하지 말라

하나님은 모세에게 미리 이런 지시를 하셨다. "너는 이스라엘 자손 중 네 형 아론과 그의 아들들 곧 아론과 아론의 아들들 나답과 아비후와 엘르아살과 이다말을 그와 함께 네게로 나아오게 하여 나를 섬기는 제사장 직분을 행하게 하라"출 28:1.

이들은 따로 구별되어 하나님을 섬기고 백성들을 위해 중보하도록 훈련받았다. 예배에서 그들이 해야 할 일들은 하나님이 모세에게 주신 매우 구체적인 지침에 잘 나타나 있다. 그들의 훈련도 거룩한 질서의 한 부분이었다. 이 지침을 잘 따라 훈련시키는 것이 이들을 실제로 성별하는 것이었다. 모든 것이 정돈되면 그들의 사역이 시작되었다.

성막에서 하나님의 영광이 나타난 후에 이 제사장들 중 두 명이 한 일을 주의해서 읽어 보자.

"아론의 아들 나답과 아비후가 각기 향로를 가져다가 여호와께서 명령하시지 아니하신 다른 불을 담아 여호와 앞에 분향하였더니"레 10:1.

나답과 아비후가 다른 불을 여호와 앞에 분향했다는 사실을 주목하라. '다른' profane이라는 단어를 웹스터 사전에서 찾아보면 '신성한 것들에 대해 경멸을 나타내는, 불경한' 이라는 뜻이다. 즉 하나님께서 거룩하다 또는 신성하다고 하신 것을 평범한 것처럼 다루는 것을 뜻한다.

이 두 사람은 하나님께 예배드리는 용도로 구별된 향로를 가져다가 하나님이 규정하신 불이 아닌 자신들이 택한 불을 담아 분향했다. 하나님이 거룩하다고 하신 것을 소홀히 대함으로 불경함을 드러낸 것이다. 그들은 불경한 자세로 하나님의 존전에 나아가 하나님께 합당치 않은 제사를 드렸다. 거룩한 것을 평범한 것처럼 다루었다. 그 결과 무슨 일이 일어났는지 보라.

"불이 여호와 앞에서 나와 그들을 삼키매 그들이 여호와 앞에서 죽은지라" 레 10:2.

이 두 사람은 즉시 그들의 불경함 때문에 심판을 받았다. 바로 그 자리에서 죽은 것이다. 그 불경한 일은 하나님의 영광이 나타난 후에 일어났다. 아무리 제사장들이라도 하나님을 높이고 영화롭게 해야 할 의무가 똑같이 있었다. 그런데 거룩하신 하나님께 나아가면서 마치 평범한 사람을 대하듯 함으로써 죄를 범한 것이다! 그들은 하나님의 임재에 너무 익숙해 있었다! 이 죽음의 심판 직후 모세가 한 말을 들어 보자.

"모세가 아론에게 이르되 이는 여호와의 말씀이라 이르시기를 나는 나를 가까이 하는 자 중에서 내 거룩함을 나타내겠고 온 백성 앞에서 내 영광을 나타내리라 하셨느니라 아론이 잠잠하니" 레 10:3.

하나님은 이미 거룩하신 하나님의 임재 안에서 불경한 자는 살아남을 수 없다는 사실을 분명히 알려 주셨다. 하나님은 조롱당하지 않으신다. 오늘날도 마찬가지다. 하나님은 지금도 과거와 똑같이 거룩하신 하나님이시다. 절대 불경한 자세로 하나님 앞에 나아갈 수 있을 거라 기대해선 안 된다.

나답과 아비후는 모세의 조카들이었다. 하지만 모세는 하나님이 공의롭다는 것을 잘 알고 있었기 때문에 하나님의 심판에 이의를 제기하지 않았다. 오히려 아론과 그의 남은 두 아들들에게 경고하기를, 그들도 죽지 않으려면 죽은 자들을 애도하지 말라고 했다. 그들의 죽음을 슬퍼하는 것은 하나님을 더욱 불명예스럽게 하는 일이므로, 나답과 아비후의 시체를 진영 밖으로 메고 나가 매장시켰다.

다시 한 번 우리는 반복되는 하나님의 패턴을 볼 수 있다. 즉, '거룩한 질서−하나님의 계시된 영광−불경함에 대한 심판'이다.

새 성전에 임한 하나님의 영광

약 500년이 흐른 후, 다윗 왕의 아들 솔로몬이 하나님의 성전을 짓기 시작했다. 참으로 막중한 사업이었다. 대부분 다윗 치하에서 모은 건축 재료들은 어마어마했다. 다윗은 죽기 전에 솔로몬에게 이렇게 지시했다.

"내가 환난 중에 여호와의 성전을 위하여 금 십만 달란트와 은 백만 달란트와 놋과 철을 그 무게를 달 수 없을 만큼 심히 많이 준비하였고 또 재목과 돌을 준비하였으나 너는 더할 것이며 또 장인이 네게 많이 있나니 곧 석수와 목수와 온갖 일에 익숙한 모든 사람이니라 금과 은과 놋과 철이 무수하니 너는 일어나 일하라 여호와께서 너와 함께 계실지로다" 대상 22:14-16.

솔로몬은 이미 준비된 재료에 더 많은 재료들을 모아 즉위 4년째에 성전 건축을 시작했다. 성전 설계는 굉장히 장엄했고, 장식과 세밀한 부분도 매우 특이했다. 수많은 장정들이 동원되었는데도 재료를 모으고 건축하는 데 꼬박 7년이 걸렸다. 그러고 나서 다음 구절을 볼 수 있다.

"솔로몬이 여호와의 전을 위하여 만드는 모든 일을 마친지라" 대하 5:1.

솔로몬은 성전이 세워진 예루살렘으로 이스라엘 백성들을 모이게 했다. "제사장들이 여호와의 언약궤를 그 처소로 메어 들였으니" 대하 5:7. 모든 제사장들이 자신을 거룩하게 하나님께 드렸다. 하나님 앞에서 결코 불경한 태도를 보이지 않았다. 그들의 먼 친척, 나답과 아비후의 운명을 기억하면서 말이다.

노래하고 악기 연주하는 레위인들이 세마포를 입고 제단 동쪽에 서 있고, 나팔 부는 제사장 120명이 함께 서 있었다. 여기서도 엄청난 주의와 시간과 노동과 준비를 통해 거룩한 질서를 확립하는 모습을 볼 수 있다. 거룩한 질서가 확립된 후에는 무슨 일이 일어났는가? 다음 말씀을 보자.

"나팔 부는 자와 노래하는 자들이 일제히 소리를 내어 여호와를 찬송하며 감사하는데 나팔 불고 제금 치고 모든 악기를 울리며 소리를 높여 여호와를 찬송하여 이르되 선하시도다 그의 자비하심이 영원히 있도다 하매 그 때에 여호와의 전에 구름이 가득한지라 제사장들이 그 구름으로 말미암아 능히 서서 섬기지 못하였으니 이는 여호와의 영광이 하나님의 전에 가득함이었더라" 대하 5:13-14.

거룩한 질서가 확립되자, 하나님의 영광이 나타났다. 하나님의 영광이 성전에 가득해지자, 제사장들은 그 영광에 압도되어 서서 섬길 수가 없을 정도였다.

영광을 경험한 사람들에게 임한 심판

하나님의 영광이 나타난 후, 이스라엘 백성들은 다시 그분의 임재와 말씀에 대한 불경한 태도를 보이게 된다. 이스라엘 백성들은 하나님의 뜻을 알았지만, 그들의 마음은 하나님이 신성하고 거룩하다고 하시는 것들에 무관심해져 버렸다.

"모든 제사장들의 우두머리들과 백성도 크게 범죄하여 이방 모든 가증한 일을 따라서 여호와께서 예루살렘에 거룩하게 두신 그의 전을 더럽게 하였으며 그 조상들의 하나님 여호와께서 그의 백성과 그 거하시는 곳을 아끼사 부지런히 그의 사신들을 그 백성에게 보내어 이르셨으나 그의 백성이 하나님의 사신들을 비웃고 그의 말씀을 멸시하며 그의 선지자를 욕하여" 대하 36:14-16.

그들은 하나님의 사신들을 비웃고 경고의 말씀을 멸시했다. 백성들이 하나님의 선지자들을 조롱했다. 이처럼 경외심이 없을 때 나타나는 똑같은 증거들을 나는 오늘날에도 보았다.

한번은 어느 큰 교회에서 사역하던 중에, 예수님의 주권과 순종에 대한 강력한 메시지를 전했다. 우리 교회 직원의 아내가 예배를 드리다가 아기를 데리고 로비로 나갔는데, 거기서는 텔레비전으로 예배가 생중계되고 있었다.

그런데 거기서 그녀는 두 여자 교인이 설교에 대해 하는 말을 듣게 되었다. "자기가 되게 잘난 줄 아나 보지? 빨리 끝내 주기나 하시지!" 그들은 비웃고 있었다. 이들에게 하나님을 경외하는 모습이 어디 있는가?

이스라엘과 유다는 하나님의 거룩한 임재와 말씀에 대한 경외심과 존경심이 부족했기 때문에 거듭 심판을 받았다. 특히 아브라함의 후손들이 바벨론 포로로 잡혀 갔을 때 그 심판은 절정에 달했다. 다음 말씀을 읽어 보자.

"그의 백성이 하나님의 사신들을 비웃고 그의 말씀을 멸시하며 그의 선지자를 욕하여 여호와의 진노를 그의 백성에게 미치게 하여 회복할 수 없게 하였으므로 하나님이 갈대아 왕의 손에 그들을 다 넘기시매 그가 와서 그들의 성전에서 칼로 청년들을 죽이며 청년 남녀와 노인과 병약한 사람을 긍휼히 여기지 아니하였으며 또 하나님의 전의 대소 그릇들과 여호와의 전의 보물과 왕과 방백들의 보물을 다 바벨론으로 가져가고 또 하나님의 전을 불사르며 예루살렘 성벽을 헐며 그들의 모든 궁실을 불사르며 그들의 모든 귀한 그릇들을 부수고"대하 36:16-19.

우리는 역사를 거슬러 올라가, 에덴동산, 성막, 그리고 성전에서 있었던 일까지 세 가지 이야기를 살펴보았다. 이 세 경우 모두 심판은 엄중했다. 그 결과는 사망과 파멸이었다.

무엇보다도 정신이 번쩍 들게 하는 사실은, 우리가 하나님의 영광이나 임재를 경험해 보지 않은 사람들에 대해 이야기하는 것이 아니라는 것이다. 이 심판은 하나님의 말씀을 들었을 뿐 아니라 하나님의 임재와 영광을 경험한 사람들에게 임했다!

이제 구약성경 말씀으로 기초를 놓았으니, 신약 시대로 나아가 보자. 다시 한 번 매우 놀라운 사실과 흥미진진한 통찰을 발견하게 될 것이다!

THE FEAR OF THE LORD

오늘날 하나님이 거하시는 곳

예수님은 우리가 그분을 따르려면
먼저 대가를 생각해야 한다고 분명히 말씀하신다.
그 대가는 바로 우리의 삶이다.

> 우리는 살아 계신 하나님의 성전이라
> 이와 같이 하나님께서 이르시되
> 내가 그들 가운데 거하며 두루 행하여 고후 6:16.

옛 언약 아래서 하나님의 영광스러운 임재는 제일 먼저 성막 안에, 그 다음엔 솔로몬의 성전 안에 나타났다. 이제 하나님은 항상 소원하시던 처소로 들어갈 준비를 하신다. 돌로 만든 성전이 아니라, 그의 아들 딸들의 마음속에 세워진 성전으로 말이다.

우리의 내면을 고르게 하시는 하나님

하나님이 우리의 마음속 성전에 들어오시기 전에도 제일 먼저 거룩한 질서가 필요했다. 이번에는 외적인 질서가 아니라 내적인 질서에 주안점을 둘 것이다. 그 다음에 하나님의 영광이 나타날 곳은 마음속 은밀한 곳이다.

이렇게 사람들의 마음을 정돈하고 변화시키는 과정은 세례 요한의 사역으로 시작되었다. 성경이 요한의 사역을 "예수 그리스도의 복음의 시작"막 1:1으로 묘사한다고 해서, 요한을 구약의 선지자로 생각해서는 안 된다. 모든 사복음서 시작 부분에서 그의 설교를 볼 수 있다. 예수님은 "율법과 선지자는 요한의 때까지요"눅 16:16라고 선언하심으로써 요한의 사역을 다시 강조하셨다. 예수님이 "율법과 선지자는 나의 때까지요"라고 말씀하시지 않은 사실에 주목하라.

천사가 요한의 아버지에게 요한의 탄생을 알렸다. 요한의 사역은 다음과 같이 요약할 수 있다. "이스라엘 자손을 주 곧 그들의 하나님께로 많이 돌아오게 하겠음이라…주를 위하여 세운 백성을 준비하리라"눅 1:16-17.

중요한 것은 그가 "주를 위하여 세운 백성을 준비"했다는 것이다. 하나님은 모세 시대에 장인들과 장색들에게 기름 부어 주셔서 성막을 짓게 하신 것처럼, 요한에게 기름 부으사 손으로 짓지 않은 새 성전을 준비하게 하셨다. 하나님의 성령으로 말미암아 요한은 마음의 성전을 준비하는 일을 시작했다. 이사야는 요한에 대해 이렇게 예언했다.

"외치는 자의 소리여 이르되 너희는 광야에서 여호와의 길을 예비하라…골짜기마다 돋우어지며 산마다, 언덕마다 낮아지며 고르지 아니한 곳이 평탄하게 되며 험한 곳이 평지가 될 것이요 여호와의 영광이 나타나고 모든 육체가 그것을 함께 보리라" 사 40:3-5.

이 산들과 언덕들은 자연적인 지형을 가리키는 것이 아니라, 하나님의 길과 반대되는 인간의 길을 의미하는 것이다. 높이 치솟은 인간의 교만은 낮아져야 한다. 여호와의 영광의 계시를 준비하는 가운데 인간의 불경함과 어리석음은 깎이고 평평해질 것이다. 이 구절에서 '고르지 아니한'crooked에 해당하는 히브리어는 '아콥'aqob이다. 스트롱 사전은 그것을 '부정한, 속이는, 오염된, 또는 고르지 않은'이라고 정의한다. 그러므로 좀 더 정확한 번역은 '속이는'이라고 할 수 있다.

요한은 여호와의 이름을 모르는 사람들에게 보냄받은 사람이 아니었다. 그는 여호와와 언약을 맺은 백성에게 보내졌다. 이스라엘 백성은 종교적인 사람들이 되었으나 모든 것이 잘되고 있다고 믿었다. 사실 하나님은 이스라엘 백성을 잃어버린 양으로 여기셨는데 말이다. 회당 모임에 꼬박꼬박 참석하던 수많은 사람들이 정작 자신의 마음 상태를 모르고 있었던 것이다. 그들은 스스로 속고 있었고, 자신들이 드리는 예배가 하나님이 받으실 만한 예배라고 생각했다.

요한은 이 거짓을 드러내고 진실을 감추고 있던 덮개를 젖혀 버렸다. 그들이 아브라함의 자손으로서 자신들을 정당화하던 그 불안정한 기반을 흔들어 버렸다. 장로들의 교리에 담긴 오류를 드러내고, 열정과 능력이 없는 형식적인 기도를 들춰 냈다. 가난한 자들을 돌보지 않고 심지어 그들의 몫까지 빼앗으면서 십일조를 내는 것은 아무 의미가 없음을 보여 주었다. 그들의 생명 없는 종교적 습관들이 매우 공허한 것임을 지적하고, 그들의 굳은 마음이 하나님과 아주 멀어져 있다는 것을 분명히 드러냈다.

요한은 회개의 세례를 전파하러 세상에 왔다 막 1:4. 헬라어로 '세례' baptism 는 '뱁티스마' baptisma 로서 '침수'를 뜻한다. 웹스터 사전에 의하면 '침수' immersion 는 '잠수하다'라는 뜻이다. 따라서 요한의 메시지는 부분적인 회개가 아니라 철저하고 완전한 마음의 변화를 뜻했다.

요한의 대담한 도전들은 이스라엘 백성이 뿌리 깊은 속임과 거짓에서 얻는 거짓된 안정감을 산산이 부숴 버렸다. 그의 메시지는 마음을 하나님께 돌이키라는 외침이었다. 그의 거룩한 임무는 이스라엘 백성들의 마음의 땅을 고르게 하는 일이었다. 교만이라는 높은 산과 종교라는 오만한 언덕들을 편평하게 만들고, 사람들이 예수님의 사역을 받아들이도록 준비시키는 일이었다.

최고의 건축가

요한의 사역이 끝나자, 예수님이 겸손이라는 평평한 땅 위에 성전을 짓기 위해 오셨다. 예수님은 터를 닦고 건물을 지으셨다. "이 닦아 둔 것 외에 능히 다른 터를 닦아 둘 자가 없으니 이 터는 곧 예수 그리스도라"고전 3:11.

다시 하나님의 말씀으로 거룩한 질서가 세워졌다. 하지만 이번에는 그 말씀이 '육신이 된 하나님의 말씀'으로 나타났다! 예수님이 최고 건축가이시다히 3:1-4. 그는 가르침뿐 아니라 직접 삶으로 본을 보이셨다. 모든 면에서 예수님은 하나님이 인정하시는 길을 인류에게 보여 주셨다.

요한의 사역을 받아들인 사람들은 최고 건축가의 역사를 받아들일 준비가 되어 있었다. 그러나 반대로, 요한의 사역을 거부한 사람들은 예수님의 말씀을 받아들일 준비가 되어 있지 않았다. 마음 밭이 고르지 않고 불안정했기 때문이다. 아직 터가 닦여 있지 않았다. 그들의 마음은 성소를 지지해 줄 만한 건축 부지로 준비되지 않았다.

예수님은 종교적 교만으로 자신을 배척하는 자들을 향해 말씀하셨다. "요한이 의의 도로 너희에게 왔거늘 너희는 그를 믿지 아니하였으되 세리와 창녀는 믿었으며 너희는 이것을 보고도 끝내 뉘우쳐 믿지 아니하였도다"마 21:32. 당시 요한의 메시지를 받아들이고 예수님께 마음을 연 사람들은 죄인들이었다. "모든 세리와 죄인들이 말씀을 들으러 가까이 나아오니"눅 15:1. 그들은 자신들의 종교에서 위로를 얻지 못했고, 자신들에게 구세주가 필요하다는 것을 알았다.

지상에서 아버지가 명하신 사역들을 모두 완수하신 예수님은 대제사장 가야바에 의해 십자가에 달리고 희생양이 되셨다. 이것이 인간 마음의 성전을 준비하는 가장 중요한 최종단계였다. 예수님의 희생은 아담의 타락 이후로 인간을 하나님의 존전에서 분리시킨 죄성을 없애 주었다.

우리는 성막과 성전 봉헌에 미리 예시된 예수님의 희생양 제물을 보았다. 성막이 세워졌을 때, 대제사장 아론은 여호와께 제물을 드렸다. 그 제물 중 하나가 흠 없는 어린양이었다. 이 일을 마치고, "모세와 아론이 회막에 들어갔다가 나와서 백성에게 축복하매 여호와의 영광이 온 백성에게 나타났다"고 했다레 9:23. 그때는 나답과 아비후가 심판을 받아 죽은 지 얼마 안 된 때였다.

하나님의 어린 양 제물은 솔로몬의 성전 봉헌에서도 예시된 바 있다.

"이에 왕과 모든 백성이 여호와 앞에 제사를 드리니 솔로몬 왕이 드린 제물이 소가 이만 이천 마리요 양이 십이만 마리라 이와 같이 왕과 모든 백성이 하나님의 전의 낙성식을 행하니라"대하 7:4-5.

바로 이날에 여호와의 영광이 성전에 나타났다. 히브리서 저자는 성막과 성전에서 드려진 제물과 예수님의 희생제물을 비교하며 이렇게 말했다.

"염소와 송아지의 피로 하지 아니하고 오직 자기의 피로 영원한 속죄를 이루사 단번에 성소에 들어가셨느니라"히 9:12.

하나님의 어린 양 예수님은 십자가에 달려 우리를 위해 순결하고 고귀한 피를 흘리셨다. 이 일이 이루어지자, 성전의 휘장이 위에서부터 아래까지 둘로 찢어졌다눅 23:45. 하나님이 역사하신 것이다! 다시는 손으로 지은 건물 안에서 하나님의 영광이 나타나는 일이 없을 것이다. 하나님이 늘 거하기를 소원하셨던 우리 마음의 성전 안에서 그의 영광이 나타날 것이니 말이다.

끝까지 순종한 자에게 임한 하나님의 영광

예수님이 부활하시고 하늘로 올라가신 후에 일어난 일을 살펴보자.

"오순절 날이 이미 이르매 그들이 다같이 한 곳에 모였더니 홀연히 하늘로부터 급하고 강한 바람 같은 소리가 있어 그들이 앉은 온 집에 가득하며 마치 불의 혀처럼 갈라지는 것들이 그들에게 보여 각 사람 위에 하나씩 임하여 있더니"행 2:1-3.

다시 한 번 하나님의 영광이 나타난다. "그들이 다같이 한 곳에 모였다"는 사실에 주목하라. 여기서 하나님의 질서가 나타난다. 어떻게 120명의 사람들을 한 곳에 모이게 할 수 있는가? 답은 간단하다. 그들은 모두 자신에 대해 죽은 것이다. 가장 중요한 사실은 그들이 예수님의 말씀에 순종했다는 것이다.

우리는 예수님이 3년 반 동안 사역하시면서 수많은 사람들을 섬기셨다는 것을 알고 있다. 많은 사람들이 예수님을 따랐다. 또 예수님은 십자가에 못박혀 죽으시고 부활하신 후에, 500명 넘는 제자들에게 나타나셨다고전 15:6. 그런데 오순절 날에 하나님의 영이 임할 때 그 집에 있던 사람은 단 120명뿐이었다행 1:15.

숫자가 계속 느는 것이 아니라 줄어들었다. 예수님이 십자가에 못박히신 후 그 수많은 사람들은 다 어디로 갔는가? 왜 예수님은 500명에게만 나타나셨을까? 그리고 오순절 날, 그 500명은 다 어디로 가고 단 120명에게만 하나님의 영광이 나타났을까?

예수님은 부활하신 후 사람들에게 예루살렘을 떠나지 말고 아버지의 약속을 기다리라고 말씀하셨다행 1:4. 500명 모두 처음에는 그 약속을 기다렸을 것이다. 그러나 시간이 지나면서 사람 수가 점점 줄었다. 일부 사람들은 더 참지 못하고 "우린 이제 우리대로 살아야 해. 그분은 떠나셨는 걸" 하고 마음의 결정을 내렸을 것이다. 어떤 사람들은 전통적인 방식으로 그들의 회당에서 하나님께 예배드리러 갔을 것이다. 또 어떤 사람들은 예수님의 말씀을 인용하며 "우린 온 세상으로 나아가 복음을 전해야 해. 지금 당장 복음 전하러 떠나는 게 좋겠어!"라고 말했을 것이다.

하나님은 남은 자들이 이렇게 결심하기를 기다리셨을 거라 믿는다. "설령 여기서 죽는 한이 있어도, 주께서 기다리라고 말씀하셨으니 다른 데로 가지 않겠다"고 말이다. 주님께 완전히 복종한 사람들만 그런 헌신을 할 수 있었을 것이다. 어떤 사람이나 활동, 물건도 하나님의 말씀에 순종하는 것보다 중요하지 않았다. 이들은 하나님의 말씀을 듣고 떠는 자들이었다사 66:2. 그들은 하나님을 경외했다! 그들은 예수님이 무리에게 하셨던 말씀에 순종했다.

> "누구든지 자기 십자가를 지고 나를 따르지 않는 자도 능히 내 제자가 되지 못하리라 너희 중의 누가 망대를 세우고자 할진대 자기의 가진 것이 준공하기까지에 족할는지 먼저 앉아 그 비용을 계산하지 아니하겠느냐 그렇게 아니하여 그 기초만 쌓고 능히 이루지 못하면 보는 자가 다 비웃어…이와 같이 너희 중의 누구든지 자기의 모든 소유를 버리지 아니하면 능히 내 제자가 되지 못하리라"눅 14:27-29, 33.

예수님은 우리가 그를 따르려면 먼저 비용을 계산해 보아야 한다고 분명히 말씀하셨다. 예수님을 따르기 위해 치러야 할 값이 있고, 예수님은 그 값을 분명히 말씀해 주셨다. 그 값은 바로 우리의 삶이다!

당신은 이렇게 물을지 모른다. "난 구원이 돈으로 살 수 없고 거저 주어지는 선물이라고 생각했는데요?" 물론 그것은 선물이다. 그러나 그 대가로 당신의 전 삶을 드리지 않으면, 절대로 그 구원을 보유할 수 없다! 아무리 거저 받은 선물이라도 잃어버리거나 도둑맞지 않도록 보호해야 하는 법이다.

예수님은 "끝까지 견디는 자는 구원을 얻으리라"마 10:22고 약속하신다. 견디는 힘은 당신의 삶을 아낌없이 드림으로써 얻을 수 있다. 참된 신자, 제자는 주인을 위해 자신의 삶을 온전히 내려놓는다. 제자들은 끝까지 신념을 굽히지 않는다. 그러나 단순한 개종자들과 방관자들은 이익과 축복을 바랄지 몰라도 끝까지 견딜 인내심이 부족하다. 결국은 시들해지고 말 것이다. 예수님은 "그러므로 너희는 가서 모든 민족을 제자로 삼아…"마 28:19라는 지상명령을 내리셨다. 예수님이 우리에게 부탁하신 것은 개종자가 아니라 제자를 삼으라는 것이었다.

참된 연합이 있는 곳에 세워지는 질서

오순절에 남아 있던 사람들은 자신의 꿈, 야망, 목적, 계획들을 모두 버렸다. 이런 분위기에선 자연히 한 마음과 한 뜻을 품게 되었을 것이다. 이것이 하나님께서 오늘날 우리에게 바라시는 연합이다. 최근에도 일부 지도자들과 교회들을 중심으로 다양한 연합 운동이 있었다. 함께 모여 하나가 되도록 노력했다. 그러나 참으로 우리를 하나 되게 하실 수 있는 분은 오직 하나님뿐이라는 것을 명심해야 한다.

우리가 다른 모든 것을 버리지 않으면, 우리 안에 숨겨져 있던 문제들이 결국은 드러날 것이다. 숨겨진 동기가 있으면 관계는 피상적인 수준을 벗어나지 못한다. 그로부터 얻는 결과 또한 피상적이고 비생산적일 수밖에 없다. 물론 주님의 마음에 복종하지 않고서도 우리는 한 목적을 가질 수 있다. 하지만 그래 봐야 얻는 것은 아무것도 없다. "여호와께서 집을 세우지 아니하시면 세우는 자의 수고가 헛되기"시 127:1 때문이다. 하나님은 여전히 그분의 말씀을 듣고 떠는 자들을 찾고 계신다! 바로 그곳에 참된 연합이 있다.

오순절 날 모인 사람들은 참된 연합을 이루었다. 그들은 주님의 뜻 안에서 하나였다. 그들의 마음은 정돈되어 있었다. 예수님의 길을 예비한 요한의 사역과 실제 예수님의 사역이 조화를 이루어, 거룩한 질서가 확립되었다. 바로 사람들의 마음속에서 거룩한 질서가 세워진 것이다. 앞에서 말한 하나님의 패턴대로, 거룩한 질서가 확립된 후에 예수님의 영광이 나타났다. 그날 일어난 일을 다시 읽어 보자.

> "홀연히 하늘로부터 급하고 강한 바람 같은 소리가 있어 그들이 앉은 온 집에 가득하며 마치 불의 혀처럼 갈라지는 것들이 그들에게 보여 각 사람 위에 하나씩 임하여 있더니"행 2:2-3.

이 120명의 사람들에게 하나님의 영광이 나타났다. 불의 혀처럼 갈라지는 것들이 각 사람 위에 임했다는 사실을 주목하라. 거기 있던 모든 사람들이 하나님의 거룩한 임재의 불로 세례를 받았다마 3:11.

물론 이때 하나님의 영광이 완전히 드러난 것은 아니었다. 하나님의 완전한 영광을 본 사람도 없고 그것을 보고 견딜 수 있는 사람도 없기 때문이다딤전 6:16. 그러나 이때 나타난 영광이 워낙 강력해서, 천하 각국으로부터 와서 예루살렘에 머물고 있던 경건하고 하나님을 두려워하는 수많은 유대인들의 관심을 사로잡았다행 2:5-7.

이에 베드로가 서서 그들에게 복음을 전했다. 그날 3,000명이 구원받고 그리스도인이 되었다. 그것은 계획된 예배도 아니었고 미리 광고를 한 것도 아니었다. 그 결과, 다음과 같은 일이 일어났다.

> "사람마다 두려워하는데 사도들로 말미암아 기사와 표적이 많이 나타나니"행 2:43.

하나님이 그의 영광을 일부 드러내시자, 사람들은 하나님의 임재와 능력을 두려워했다. 하나님은 계속 강력하게 역사하셨다. 매일 놀라운 기적과 구원의 증거들이 나타났던 것이다. 그들은 하나님의 강한 손이 역사하고 계신 것을 부인할 수 없었다. 사람들이 떼 지어 하나님의 왕국으로 들어왔다. 이미 예수님께 삶을 드렸던 사람들은 성령의 임재로 다시 새롭게 되었다.

그러나 앞에서도 보았듯이, 하나님이 영광을 드러내시는데 사람들이 경외심을 갖지 않으면 반드시 심판을 받게 된다. 실제로 더 큰 영광이 나타날수록 심판도 더 크고 더 신속히 임한다. 하나님의 영광이 계시된 직후에 일어나는 심판과 우리가 보여야 할 태도에 대해 다음 장에서 더 자세히 살펴보기로 하자.

THE FEAR OF THE LORD

하나님을 경외하는 자들의 특권

우리가 자신 있게 하나님께 나아갈 수 있는 것은 다 하나님의 사랑 덕분이다.
성경은 우리가 합당한 자세로 하나님께 나아가 섬겨야 한다고 덧붙인다.
합당한 자세란 어떤 자세를 말하는가?
바로 '경건함과 두려움'으로 나아가는 것이다.

> 오직 너희를 부르신 거룩한 이처럼
> 너희도 모든 행실에 거룩한 자가 되라 기록되었으되
> 내가 거룩하니 너희도 거룩할지어다 하셨느니라 벧전 1:15-16.

오순절이 지나고 시간이 흘렀다. 교회는 하나님의 임재와 능력으로 많은 은혜를 받았다. 수많은 사람들이 구원받고 치유를 받았다. 모두 자기가 가진 재산을 함께 나누었기 때문에 아무도 부족함이 없었다. 가진 자는 자기 소유물을 팔아 사도들에게 주어 궁핍한 자들에게 나누어 주도록 했다.

하나님보다 사람을 더 두려워한 결과

"구브로에서 난 레위족 사람이 있으니 이름은 요셉이라 사도들이 일컬어 바나바라(번역하면 위로의 아들이라) 하니 그가 밭이 있으매 팔아 그 값을 가지고 사도들의 발 앞에 두니라" 행 4:36-37.

구브로는 천연자원이 풍부하고 꽃과 과일로 유명한 섬이었다. 포도주와 기름도 아주 많이 생산되었다. 다양한 보석들도 많았다. 그러나 주된 부의 원천은 광산과 산림이었기 때문에 은, 구리, 철광들이 광범위하게 있었다. 그곳은 자원이 넘치는 곳이었다. 아마 구브로에 땅을 소유하고 있었다면 아주 부자였을 것이다.

함께 이 장면을 상상해 보자. 다른 나라에서 온 부유한 레위인 바나바가 자기 땅을 판 값을 모두 가져와 사도에게 건넨다. 아마 상당한 금액이었을 것이다. 이제 그 다음 구절을 주의 깊게 읽어 보자.

"아나니아라 하는 사람이 그의 아내 삽비라와 더불어 소유를 팔아" 행 5:1.

영어성경에서 이 문장은 'But'으로 시작된다. 성경에서는 새로운 내용을 소개할 때마다 항상 'But'이라는 단어가 나온다.

여기서 'But'이 쓰인 것을 보면, 사도행전 4장에서 일어난 사건이 5장에 나오는 아나니아와 삽비라 사건과 연관이 있는 것이 분명하다. 사실, 앞에서 일어난 사건을 참작하지 않으면 앞으로 일어날 일을 완전히 이해할 수 없다. 그것이 이 문장 첫 부분에 'But'이 들어간 이유를 설명해 줄 수 있을 것이다.

아주 부유한 사람이 새로 교회로 들어왔는데, 자기 땅을 팔아 엄청난 액수의 헌금을 드린다. 이 사람의 헌금에 자극받은 아나니아와 삽비라도 자기들의 소유물을 판다. 그런데 그 다음 구절을 잘 살펴보자.

"그 값에서 얼마를 감추매 그 아내도 알더라 얼마만 가져다가 사도들의 발 앞에 두니 베드로가 이르되 아나니아야 어찌하여 사탄이 네 마음에 가득하여 네가 성령을 속이고 땅 값 얼마를 감추었느냐 땅이 그대로 있을 때에는 네 땅이 아니며 판 후에도 네 마음대로 할 수가 없더냐 어찌하여 이 일을 네 마음에 두었느냐 사람에게 거짓말한 것이 아니요 하나님께로다" 행 5:2-4.

지금까지 아나니아와 그의 아내 삽비라는 교회에서 헌금을 가장 많이 드리는 사람으로 명성이 높았던 것 같다. 그들의 관대함 덕분에 사람들에게 많은 관심을 받았을 것이다. 이 부부의 반응을 볼 때, 그들이 그렇게 헌금함으로써 사람들에게 존경받고 인정받는 것을 꽤 즐겼을 것이다.

그런데 이제 그들의 시대도 갔다. 사람들의 관심이 이 새로운 사람, 구브로의 레위인에게로 쏠린 것이다. 모든 사람들이 이 너그러운 사람의 덕을 칭찬했다. 어딜 가나 사람들의 대화에 빠지지 않고 등장하는 것이 그 사람의 엄청난 헌금으로 곤궁에 처한 많은 사람들이 도움을 받았다는 이야기였다. 사람들의 관심이 아나니아와 삽비라에게서 멀어지자, 부부는 그 공허한 느낌을 견딜 수 없었을 것이다.

그래서 이 부부는 즉시 땅의 일부를 팔았다. 그 땅 또한 매우 귀한 땅이었기에 큰 돈을 받았다. 아마 그들이 가장 소중히 여기던 재산이었을 것이다. 그들은 함께 이런 결론을 내렸을 것이다. "이것은 나누기엔 너무 큰 돈이야. 전부 내놓을 순 없지. 하지만 전부 내놓는 것처럼 보였으면 좋겠어. 그러니까 일부분만 빼놓고, 밭을 팔아 받은 돈 전부라고 말하자."

그들은 수익의 일부를 자기들이 가지고 나머지만 내놓기로 동의했다. 하지만 그래도 사람들에게는 전액을 내놓는 것처럼 보이고 싶었다. 그들의 죄는 바로 그 기만에 있었다. 땅을 판 수익금의 일부를 자기들이 갖는 것은 잘못이 아니었다. 다만, 거짓으로 자기들이 땅을 팔아 받은 돈 전부를 내놓았다고 말한 것이 잘못이었다.

그들은 진실과 정직함보다 사람들의 칭찬을 더 소중히 여겼다. 그들에게 중요한 것은 세상 사람들의 평판이었다. 아마 스스로 이렇게 말하며 위안을 얻었을 것이다. "그게 뭐 해로운 일인가? 우린 가난한 사람들에게 나눠 주고 그들의 필요를 채워 주었어. 그러면 된 거 아냐?"

사람의 칭찬을 바라면 사람을 두려워하게 되어 있다. 또 사람을 두려워하면 사람을 섬기게 된다. 우리는 두려워하는 존재를 섬기기 때문이다. 아나니아와 삽비라는 하나님보다 사람을 두려워했다. 그렇기 때문에 감히 하나님 앞에서 겁 없이 그런 행동을 했을 것이다. 만일 그들이 하나님을 두려워했다면 하나님 앞에서 거짓말을 하지는 않았을 것이다.

"아나니아가 이 말을 듣고 엎드러져 혼이 떠나니 이 일을 듣는 사람이 다 크게 두려워하더라 젊은 사람들이 일어나 시신을 싸서 메고 나가 장사하니라"행 5:5-6.

이 사람은 궁핍한 자를 돕기 위한 헌금을 가져왔다가 쓰러져 죽었다! 즉시 하나님의 심판이 임한 것이다. 그 광경을 목격하거나 전해 들은 사람들은 모두 엄청난 두려움에 사로잡혔다. 성경본문을 계속 읽어 보자.

"세 시간쯤 지나 그의 아내가 그 일어난 일을 알지 못하고 들어오니 베드로가 이르되 그 땅 판 값이 이것뿐이냐 내게 말하라 하니 이르되 예 이것뿐이라 하더라 베드로가 이르되 너희가 어찌 함께 꾀하여 주의 영을 시험하려 하느냐 보라 네 남편을 장사하고 오는 사람들의 발이 문 앞에 이르렀으니 또 너를 메어 내가리라 하니 곧 그가 베드로의 발 앞에 엎드러져 혼이 떠나는지라 젊은 사람들이 들어와 죽은 것을 보고 메어다가 그의 남편 곁에 장사하니 온 교회와 이 일을 듣는 사람들이 다 크게 두려워하니라"행 5:7-11.

아나니아와 그의 아내는 제일 처음 성령의 은혜를 받은 사람들에 속했을 가능성이 크다. 그들은 교회에서 가장 많은 헌금을 드리는 자들이었을 것이다. 하나님을 섬기기 위해 자신들의 사회적 지위와 재정적 안정을 희생했을지도 모른다. 그러나 하나님을 진정 사랑하고 두려워하는 마음이 함께하지 않으면 그러한 희생도 아무 소용이 없다.

마지막 구절을 눈여겨보라. "온 교회와 이 일을 듣는 사람들이 다 크게 두려워하니라." 그리고 아론의 두 아들이 경외심 없이 제사를 드리다가 하나님 앞에서 죽었을 때, 하나님이 아론에게 하신 경고를 생각해 보라.

"나는 나를 가까이 하는 자 중에서 내 거룩함을 나타내겠고 온 백성 앞에서 내 영광을 나타내리라" 레 10:3.

몇 세기가 지났지만 하나님은 변하지 않으셨다. 그분의 말씀과 거룩하심은 조금도 변하지 않았다. 하나님의 말씀은 2천 년 전에 공표된 이후로 조금도 주춤함이 없었다. 하나님은 과거에나 현재에나 미래에도 항상 위대한 왕이시며, 그에 합당한 존경을 받으셔야 할 분이다. 하나님이 거룩하다 하신 것을 우리가 가볍게 여겨서는 안 된다.

성경은 온 '도시'가 크게 두려워했다고 말하지 않고, 온 '교회'가 크게 두려워했다고 말한다. 교회는 하나님의 임재와 모든 은혜들을 누리고 있었다. 사람들이 성령 충만해졌을 때는 마치 술 취한 사람들처럼 행동했다. 아마 방언을 말하면서 기쁨과 놀라움에 웃는 사람들도 있었을 것이다. 오죽하면 아침 9시에 술 취한 것으로 오해를 받았겠는가 행 2:15?

그러나 어쩌면 시간이 흐르면서 사람들은 하나님의 임재에 너무나 익숙해졌을지도 모른다. 일부 사람들에겐 평범한 일상이 되었을 것이다. 어쩌면 예수님이 얼마나 가까이하기 쉬운 분이셨는지를 깨달으며, 이제 성령님과의 관계도 그처럼 될 수 있을 거라고 생각했을지도 모른다. 예수님은 육신을 입으신 하나님의 아들이자 하나님의 형상이시지만, 인간은 하나님의 거룩함에 가까이갈 수 없기 때문에 예수님이 친히 사람의 아들로서 중재자가 되셨다는 사실을 잊어서는 안 된다.

모두 한 하나님이지만, 성부 하나님과 성자 하나님과 성령 하나님은 분명히 구분된다. 예수님도 사람이 예수님을 모독하는 것은 용서받을 수 있어도 성령을 모독하는 일은 용서받을 수 없다고 말씀하셨다. 예수님은 거룩한 하나님의 질서가 회복될 것임을 미리 알려 주신 것이다. 하나님의 아들이 오시기 전에는 사람들이 하나님을 두려워했다. 그러나 이제 인간이 다시 하나님의 자녀가 되었으니 거룩한 질서가 다시 확립되어야 했다.

아나니아와 삽비라가 베드로의 발 앞에 쓰러져 죽자, 교회는 하나님의 거룩하심에 대해 새롭게 깨닫는다. '어쩌면 어떤 일들을 다시 생각해 봐야 할 것 같아' 라는 생각을 한 사람들도 있었을 것이다. 또 '그 일이 나에게 닥칠 수도 있었어' 라고 생각한 사람도 있었을 것이다. 여태까지 품고 있던 하나님에 대한 개념이 심하게 흔들린 사람도 있었을 것이다! '난 하나님을 안다고 생각했는데 그게 아닌 것 같아. 그렇게 속히 가차 없는 심판을 내리시는 분인지 몰랐어.'

하지만 모든 이들은 크게 놀라며 소리쳤다. "그분은 거룩하시며 모든 것을 알고 계신다!" 하고 말이다. 온 교회가 크게 두려워하며 자신의 마음을 돌아보았고, 이 두렵고 놀라우신 하나님으로 인해 깜짝 놀랐다. 하나님은 사랑의 하나님이시지만 동시에 거룩하신 하나님이시다. 이 놀라운 사건에 마음이 흔들리지 않은 사람은 아무도 없었다.

경외하는 자가 사랑할 수 있다

예수님과 함께 지낸 사람으로서, 이 심판을 목격했던 베드로는 나중에 영감을 받아 이런 진심어린 훈계를 남겼다.

"오직 너희를 부르신 거룩한 이처럼 너희도 모든 행실에 거룩한 자가 되라 기록되었으되 내가 거룩하니 너희도 거룩할지어다 하셨느니라 외모로 보시지 않고 각 사람의 행위대로 심판하시는 이를 너희가 아버지라 부른즉 너희가 나그네로 있을 때를 두려움으로 지내라"벧전 1:15-17.

"사랑으로 지내라"고 하지 않고 "두려움으로 지내라"고 한 것을 주목하라. 물론 우리는 사랑하며 살아야 한다. 사랑이 없으면 아무것도 없는 것이기 때문이다. 하나님의 사랑이 없으면 아버지 하나님의 마음을 알 수도 없다. 이 서신의 앞부분에서 베드로는 우리 마음속에 주님을 향한 사랑이 불타올라야 한다고 말했다. "예수를 너희가 보지 못하였으나 사랑하는도다"8절라고 말했다. 우리는 아버지 하나님과 개인적으로 사랑의 관계를 맺어야 한다. 그러나 베드로는 곧이어 하나님을 두려워하라는 말을 덧붙임으로 균형을 잡는다. 하나님을 향한 거룩한 경외심이 없으면 하나님을 향한 사랑도 한계에 부딪히고 만다. 우리 마음은 사랑과 두려움, 두 불꽃의 빛과 온기를 모두 지녀야 한다.

이 사랑이 어떻게 한계에 부딪힐 수 있냐고 물을지 모르겠다. 우리는 어떤 사람을 아는 만큼만 사랑할 수 있다. 당신이 하나님을 실제 하나님보다 모자란 분으로 생각한다면, 당신은 사랑하는 하나님에 대한 피상적인 지식만 갖고 있는 것이다. 참된 사랑은 하나님이 진정 누구신가에 대한 진리에 기반을 둔다. 하나님을 가볍게 생각하는 사람들에게 하나님이 자신의 마음을 보여 주실 거라고 생각하는가? 당신 같으면 그러겠는가? 실제로 하나님은 자신을 숨기신 적도 있다사 45:15. 시편 기자는 하나님이 '은밀한 곳'에 숨으신다고 말한다시 91:1.

그 은밀한 곳에서 우리는 하나님의 거룩하심과 위대하심을 발견할 수 있는데, 하나님을 경외하는 자들만 이 은밀한 은신처를 발견할 것이다.

"여호와의 친밀하심이 그를 경외하는 자들에게 있음이여 그의 언약을 그들에게 보이시리로다"시 25:14.

이제 베드로의 말을 좀 더 온전히 이해할 수 있을 것이다. 세상에서 예수님과 함께 지내지는 않았으나 다메섹 도상에서 예수님을 만난 바울은 '떨림'이라는 단어를 덧붙임으로써 이 권면을 더욱 강화했다. 그는 신자들에게 "두렵고 떨림으로 너희 구원을 이루라"빌 2:12고 말한다. 사실 이 구절은 신약성경에서 신자와 그리스도의 적절한 관계를 묘사하는 데 세 번이나 사용되었다.

바울은 성령의 계시를 받아 예수님을 알게 되었다. 우리도 이와 같은 방법으로 주님을 알게 된다. "비록 우리가 그리스도도 육신을 따라 알았으나 이제부터는 그같이 알지 아니하노라"고후 5:16. 만일 우리가 사람들과 동행하듯이 하나님을 알아가고 동행하려 한다면, 결국 초대 교회의 몇몇 사람들처럼 하나님의 임재를 당연시하게 될 것이다.

나는 아나니아와 삽비라가 사도행전에 나오는 초대교회의 역사에 놀라고 흥분한 사람들이었을 거라고 확신한다. 풍성한 기사와 표적들에 모두가 놀랐다. 그러나 마음속에 하나님을 향한 경외심이 없으면 기사와 표적들도 진부해지고 만다. 하나님을 경외하는 마음이 있었다면 이 불행한 부부처럼 어리석은 행동은 하지 않았을 것이다시 34:11-13 참조.

우리는 절대 변하지 않을 이 두 가지 특성들을 명심해야 한다. 즉 "하나님은 사랑이시다"요일 4:8. 그리고 "하나님은 소멸하는 불이시다"히 12:29. 바울이 말하는 불은 그리스도인들이 거룩하신 하나님의 심판대 앞에 설 때 경험하게 되는 불이다. 거기서 우리는 그리스도의 몸 안에서 우리가 한 일들에 대해, 그것이 선한 일이든

악한 일이든 낱낱이 고하게 될 것이다고후 5:10. 그래서 바울은 "우리는 주의 두려우심을 알므로 사람들을 권면하거니와"고후 5:11라고 말한다.

친밀한 두려움

우리가 자신 있게 하나님께 나아갈 수 있는 것은 다 하나님의 사랑 덕분이다. 성경은 우리가 합당한 자세로 하나님께 나아가 섬겨야 한다고 덧붙인다. 합당한 자세란 어떤 자세를 말하는가? 바로 '경건함과 두려움'으로 나아가는 것이다히 12:28.

거듭난 사람들은 하나님을 아바 아버지로 안다. 그러나 그렇다고 해서 만민의 심판자이신 하나님의 심판을 벗어날 수 있는 것은 아니다갈 4:6-7, 히 12:23. 하나님은 "주께서 그의 백성을 심판하리라"히 10:30고 분명히 말씀하신다.

아들딸들이 있는 세상의 왕을 생각해 보라. 궁전에서 그는 남편이자 아버지다. 그러나 왕실에서는 엄연히 왕이며, 아내와 자녀들에게도 마땅히 왕으로 대접받아야 한다. 마찬가지로, 나는 하나님 아버지께서 두 팔을 내밀고 날 부르시며 "어서 와 내 무릎 위에 앉으렴. 우리 꼭 껴안고 이야기하자"라고 말씀하시는 것처럼 느낄 때가 있었다. 난 그런 시간들을 정말 사랑한다. 아주 특별하고도 특별한 시간이다. 하지만 하나님의 거룩한 임재 앞에서 두려움과 떨림으로 기도하거나 예배를 드리는 때도 있다.

    몇 년 전에 말레이시아 쿠알라룸푸르에서 1주일간의 집회를 마치면서 드린 예배가 그런 예배였다. 분위기는 다른 때와 매우 달랐고, 그날 나는 마침내 우리가 영적으로 획기적인 도약을 했음을 감지했다. 하나님의 임재가 그 건물을 가득 채웠고, 하나님의 기쁨이 넘치자 몇몇 사람들이 큰소리로 웃었다. 이런 현상이 15분 정도 지속되었다. 그리고 나서 잠시 쉬었다가 또 한 번 하나님의 임재의 파도가 밀려 들어왔다. 더 많은 사람들이 감동을 받았다. 또다시 잠잠해졌다. 그 다음에 또 한 번 하나님의 임재의 파도가 기쁨과 함께 밀려 들어와 성전을 가득 채웠다. 거의 모든 사람들이 새롭게 되어 웃을 때까지 지속되었다. 그런 다음 다시 잠잠해졌다.

    그때 나는 하나님이 "내가 마지막으로 너희에게 가고 있다. 하지만 이번에는 다른 때와 다를 것이다"라고 말씀하시는 것을 들었다. 나는 잠잠히 기다렸다. 몇 분 후 아주 색다른 하나님의 임재 현상이 그 건물을 가득 채웠다. 너무나 놀랍고 무섭기까지 했다. 그러나 나는 그 힘에 강하게 이끌렸다. 분위기가 긴장되었다. 조금 전까지만 해도 웃고 있던 사람들이 이제 울고 통곡하기 시작했다. 어떤 사람들은 마치 불 속에 있는 것처럼 소리를 질러 댔다. 그러나 마귀가 활동할 때 들리는 고통스러운 외침은 아니었다.

    강단으로 걸어가는데 이런 생각이 들었다. '존, 절대 잘못된 행동이나 잘못된 말을 하면 안 돼. 그러면 넌 죽은 사람이야.' 어떻게 된 일인지 이런 생각은 점점 더 강해졌다. 이 두려운 하나님의 임재 안에서 경외심을 갖지 않을 수가 없었다. 그날 나는 두 가지 반응을 보았다. 사람들은 하나님의 임재를 두려워하여 도망치거나, 아니면 하나님을 두려워하면서 그 두려우신 하나님께 더 가까이 다가가거나 둘 중 하나였다. 이때는 하나님이 "이리 와, 내 무릎 위에 앉으렴!" 하고 속삭이시는 순간이 아닌 것만은 분명했다.

우리는 두려운 마음으로 예배를 마쳤다. 많은 사람들이 두려운 하나님의 임재로 인해 완전히 변화된 것을 느꼈다. 하나님의 임재로 엄청난 감동을 받은 어떤 사람은 나중에 나에게 이렇게 말했다. "제 속이 아주 깨끗해진 느낌이에요." 그게 무슨 말인지 나는 안다. 나 또한 깨끗해진 것을 느꼈기 때문이다. 나중에 나는 이 성경구절을 발견했다. "여호와를 경외하는 도는 정결하여 영원까지 이르고" 시 19:9.

여호와를 경외하는 도

여호와를 경외하는 도는 영원까지 이른다! 만일 계명성이 그런 마음을 가졌다면, 번개처럼 하늘에서 떨어지지 않았을 것이다 사 14:12-15, 눅 10:18. 계명성은 하나님의 성산에서 기름 부음을 받은 그룹으로, 하나님의 임재 안에서 거닐었다 겔 28:14-17. 그러나 계명성은 최초로 하나님을 경외하지 않는 모습을 보여 준 존재다.

하나님의 사람들이여, 내 말을 들으라! 당신은 나답과 아비후처럼 거룩한 기름 부음을 받을 수 있다. 표적과 기사를 행하고, 마귀를 쫓아내며, 주의 강한 이름으로 병자를 고칠 수 있으나, 그러면서도 하나님을 경외하는 마음이 없을 수 있다! 그것이 없으면 당신의 결말은 나답과 아비후, 또는 아나니아와 삽비라의 결말과 다를 바 없을 것이다. 당신을 영원히 하나님의 임재 앞에 서게 하는 것은 그분을 경외하는 마음이기 때문이다!

아담과 하와는 하나님의 임재 안에서 거닐었다. 그들은 하나님을 사랑했고 하나님의 선하심으로 인해 많은 혜택을 누렸다. 한 번도 어떤 권위 때문에 불쾌한 적이 없었다. 그들은 완벽한 환경에서 살았다. 그러나 불순종함으로 타락했고, 결국 큰 심판을 받았다. 만약 그들에게 하나님을 경외하는 마음이 있었더라면 그렇게 타락하진 않았을 것이다.

여호와를 경외하는 도는 영원까지 이른다! 아나니아와 삽비라가 하나님을 두려워했다면 그렇게 어리석게 행동하지 않았을 것이다. "여호와를 경외함으로 말미암아 악에서 떠나게 되느니라"잠 16:6고 했기 때문이다.

어떤 사람은 이렇게 물을지 모른다. "내가 하나님을 사랑하면 죄를 짓지 않게 되는 것 아닌가요?" 맞다. 그러나 하나님을 경외하는 마음이 없으면 이 사랑이 어디까지 미칠 수 있겠는가? 나는 감옥에 갇힌 짐 베커(1980년대 미국 최고의 부흥사였는데 성추문과 공금횡령 혐의로 5년간 옥살이를 했다-역주) 목사를 찾아간 적이 있다. 그때 그는 감옥의 뜨거운 열기 때문에 자기 마음이 완전히 변화되었다고 고백했다. 생전 처음으로 예수님의 주인 되심을 경험한 것이다. 그는 자기 가족과 사역, 자기가 갖고 있던 모든 것을 잃고 나서야 예수님을 찾았다고 말했다.

나는 그의 말을 분명히 기억한다. "존, 이 감옥은 내 인생에 대한 하나님의 심판이 아니라 그분의 자비라네. 내가 만약 가던 길을 계속 갔다면 틀림없이 지옥에 가게 되었을 걸세!" 그러고 나서 짐 베커 목사는 우리 모두를 향해 경종을 울리는 말을 했다. "존, 난 항상 예수님을 사랑했네. 하지만 그분이 내 주인은 아니었어. 나와 같은 사람이 미국에만도 수없이 많을 거야!"

그는 자신에게 계시된 예수님의 모습을 사랑했다. 그러나 주님을 경외하는 마음이 부족했기 때문에 그의 사랑은 미숙했던 것이다. 그 후로 그는 하나님을 경외하는 사람이 되었다.

어떤 동기로 주님을 따르는가?

아나니아와 삽비라 사건으로 온 교회가 들썩거렸다. 그것은 마음속의 동기가 표면으로 드러난 사건이었다. 아나니아와 삽비라의 불경함 속에서 자신을 돌아본 사람들은 회개하며 마음을 찢었다. 어떤 사람들은 예루살렘의 신자들 무리에 합류하기 전에 치러야 할 대가를 더 심각하게 따져 보았다. 아마 하나님의 심판이 두려워 떠난 사람들도 있었을 것이다.

두려움에 빠진 것은 교회만이 아니었다. 이 부부의 사건을 전해 들은 모든 사람이 매우 두려워했다. 아마 그 도시에서 한동안 화제가 되었을 것이다. 사람들은 서로 이렇게 물었을 것이다. "예수님을 따르던 사람들한테 일어난 사건을 들었니? 한 부부가 가난한 사람들을 위해 헌금을 드리다가 쓰러져 죽었대!" 성경의 기록을 보자.

"그 나머지는 감히 그들과 상종하는 사람이 없으나 백성이 칭송하더라 믿고 주께로 나아오는 자가 더 많으니 남녀의 큰 무리더라"행 5:13-14.

이 구절을 보면 모순이 있어 보인다. 감히 그들과 상종하는 사람이 없다고 했는데, 바로 다음 절에서는 믿는 자가 더 많아졌다고 말하니 말이다. 아무도 상종하려 하지 않는데 어떻게 신자가 늘어날 수 있단 말인가? 이 구절은 실제로 무엇을 말하고 있는 것일까? 아마 비용을 계산해 보기 전까지는 아무도 감히 예수님을 따르려 하지 않았을 것이다. 이기적인 동기로 예수님을 따르려 하는 사람들이 더는 없었을 것이다. 그러니 그들은 예수님이 하실 수 있는 일 때문이 아니라 바로 예수님 때문에 그분께 나아온 사람들이었던 것이다.

주님이 우리를 위해 하실 수 있는 일이나 주실 수 있는 것 때문에 주님께 나아가는 사람들은 불경한 자세를 보이기 쉽다. 그것은 축복과 결과에 근거한 관계다. 그럴 때 어떤 일이 자기 뜻대로 되지 않으면 실망하고, 버릇없는 어린아이들처럼 공경심을 잃고 만다.

불경한 마음이 심판을 받으면, 모든 사람은 자신의 삶을 자세히 살피고 잘못된 동기들은 심판의 빛에 모두 제거되고 만다. 이것이 하나님을 경외하는 마음이 가득한 참된 회개의 마음이다.

아나니아와 삽비라는 왜 죽었는가? 내가 아는 사람들도 목회자에게 거짓말을 했는데 그토록 혹독하게 심판을 받지는 않았다. 사실, 교회사에서나 오늘날의 교회에서도 아나니아와 삽비라보다 훨씬 더 불경한 행동들이 많이 있었다. 그러나 예배 중에 쓰러져 죽는 사람은 없었다. 지금 같으면 거의 있을 수 없는 일일 것이다.

해답은 바로 다음 구절에 숨겨져 있다.

"심지어 병든 사람을 메고 거리에 나가 침대와 요 위에 누이고 베드로가 지날 때에 혹 그의 그림자라도 누구에게 덮일까 바라고" 행 5:15.

사람들이 병든 사람을 거리에 뉘었다는 것을 주목하라! 영어로는 '거리'를 뜻하는 단수 명사 'street'가 아니라 복수형 'streets'다. 베드로가 지날 때 혹 그의 그림자라도 덮여 병 고침을 받을까 하고 기다렸던 것이다.

지금 내가 말하려는 내용이 논란의 여지가 있을 수도 있겠지만, 나는 베드로가 지날 때 생긴 그림자가 단지 그의 육체적인 그림자에만 한정되지 않는다고 생각한다. 그림자는 병자를 고칠 능력이 없다. 나는 그것이 하나님의 구름이었다고 믿는다. 베드로에게 임한 하나님의 임재가 너무나도 강력해서, 구름이 베드로의 그림자를

6장. 하나님을 경외하는 자들의 특권　113

덮어 버린 것이다. 모세가 하나님의 산에서 내려왔을 때, 그의 얼굴에서 비치는 하나님의 영광 때문에 그 자신의 모습이 가려졌던 것도 같은 이치였다. 어쩌면 하나님이 자신의 영광을 감추기 위해 구름으로 베드로를 덮으신 것이 아닐까? 사도행전 5장 15절에서 베드로가 한 일은 병자들을 그림자로 덮을 만큼 다가가는 것뿐이었는데, 수많은 거리의 병자들이 고침을 받았다.

처음에 아나니아가, 그 다음에 삽비라가 베드로에게 거짓말을 하여 쓰러져 죽었을 때, 베드로에게 임한 하나님의 영광의 임재가 얼마나 명백했는지 우리는 알고 있다. 본질적으로 아나니아와 삽비라가 쓰러져 죽은 것은 이미 영광이 드러나신 주님의 임재 앞에서 불경한 태도를 가졌기 때문이다. 아담, 나답, 아비후, 그리고 이스라엘 자손들처럼, 여기서도 다시 질서, 영광, 심판의 패턴을 보게 된다.

다음 장들에서는 이 패턴을 오늘날 우리 현대 교회에 적용해 볼 것이다. 이에 대해 더 깊이 탐구해 볼수록, 왜 하나님을 사랑하는 마음이 반드시 하나님을 경외하는 마음과 함께해야 하는지 깨닫게 될 것이다.

The Fear of the Lord

THE FEAR OF THE LORD

연기된 하나님의 심판

하나님의 영광이 더 크게 나타날수록
불경한 자에 대한 심판도 더 크고 신속히 임한다!
하나님의 영광이 있는 곳에서는 죄가 들어올 때마다
즉각적인 반응이 나타난다.

> 이는 우리가 다 반드시 그리스도의 심판대 앞에 나타나게 되어 각각 선악간에 그 몸으로 행한 것을 따라 받으려 함이라 고후 5:10.

지금은 주 예수님이 부활하신 지 2천 년이 지났다. 지금부터 몇 주, 며칠, 몇 분 후에 예수님이 재림하실지도 모른다. 우리는 그분의 재림이 가까운 때인 줄은 알지만 그날과 시간은 정확히 모른다마 24:32-36. 우리는 그런 때에 살고 있다.

이른 비와 늦은 비의 의미

성경에서는 교회 시대가 시작될 때와 예수님의 재림 직전 교회 시대가 막을 내릴 때, 하나님이 그의 영광을 얼마나 강력하게 나타내실지 예언했다.

야고보는 그것을 이렇게 묘사했다.

"그러므로 형제들아 주께서 강림하시기까지 길이 참으라 보라 농부가 땅에서 나는 귀한 열매를 바라고 길이 참아 이른 비와 늦은 비를 기다리나니" 약 5:7.

야고보가 언급한 '이른 비'와 '늦은 비'에 주목하라. 이스라엘에서는 파종기가 시작될 때 이른 비가 내려 마른 땅을 촉촉히 적셔 주었다. 비에 젖어 촉촉하고 부드러워진 땅은 씨앗을 잘 받아들여 확고히 뿌리 내릴 수 있게 해주었다. 늦은 비는 수확기 직전에 내리는 비를 말하는데, 이 비는 열매를 잘 익게 해주기 때문에 더 고마운 비다.

야고보는 하나님의 영광이 부어지는 것을 설명하기 위해 비유를 들어 말한 것이다. 베드로의 증거에 의하면, 이른 비는 오순절 날 내렸다.

"이는 곧 선지자 요엘을 통하여 말씀하신 것이니 일렀으되 하나님이 말씀하시기를 말세에 내가 내 영을 모든 육체에 부어 주리니 너희의 자녀들은 예언할 것이요 너희의 젊은이들은 환상을 보고 너희의 늙은이들은 꿈을 꾸리라 그 때에 내가 내 영을 내 남종과 여종들에게 부어 주리니 그들이 예언할 것이요 또 내가 위로 하늘에서는 기사를 아래로 땅에서는 징조를 베풀리니 곧 피와 불과 연기로다 주의 크고 영화로운 날이 이르기 전에 해가 변하여 어두워지고 달이 변하여 피가 되리라" 행 2:16-20.

베드로는 '부어 주다'라는 말을 사용했다. '내려 주다'라고 말할 수도 있었을 텐데, 그는 빗물이 떨어지는 것을 묘사하는 데 적절한 단어를 사용했다. 오순절 날 경험한 하나님의 영광의 계시를 베드로보다 잘 묘사할 수 있는 사람이 누가 있겠는가?

그런데 이러한 묘사는 베드로가 경험한 것에만 국한되지 않는다. 그는 동시에 '주의 크고 영화로운 날'이 이르기 전에 나타날 하나님의 영광을 묘사했기 때문이다. 주의 크고 영화로운 날이란 베드로가 살던 시대를 가리키는 것이 아니라, 바로 그리스도의 재림 때를 가리키는 것이었다.

하나님의 영이 크게 부어진 것은 오순절 날 시작되었다. 야고보는 그것을 '이른 비'라 불렀다. 주께서 복음과 함께 제자들을 보내신 곳마다 하나님의 영광이 나타나고 전파되었다. 복음의 영향을 받지 않는 곳이 아무 데도 없었다.

그러나 이 영광의 나타남은 점점 더 강력해지지 않고, 오히려 점점 더 쇠약해졌다. 사람들이 자신의 죄악으로 하나님의 임재와 영광을 향한 열정을 잃어버리자, 오순절 날 받은 하나님의 영광이 확 수그러든 것이다.

한때 뜨겁게 타올랐던 사랑과 경외심 대신, 이기적인 욕망이 가득한 차갑고 생명 없는 제단이 들어섰다. 많은 사람들이 뒤로 물러서서 종교적인 활동과 생명 없는 교리에만 치중함으로 하나님이 우리를 창조하신 목적, 즉 그분과 동행하게 하시려는 그 목적을 무색하게 만들었다.

영적 리더십의 타락

이처럼 하나님의 임재와 영광이 약해져 가는 이 시대는 모세의 리더십과 다윗 왕 사이의 시대에 비할 수 있다. 모세 시대에 이스라엘 자녀들은 하나님의 영광이 명백히 나타나는 가운데 몇십 년 동안 광야에서 방황했다. 불경한 자들은 심판을 받아 사막에서 죽음을 당했다.

그러나 젊은 세대들은 하나님을 경외하고 전심으로 따랐다. 그들은 여호수아의 지도하에 약속의 땅을 차지하기 위해 나아갔다. 그리고 성경은 다음 세대에 대해 이렇게 묘사한다.

"그 세대의 사람도 다 그 조상들에게로 돌아갔고 그 후에 일어난 다른 세대는 여호와를 알지 못하며 여호와께서 이스라엘을 위하여 행하신 일도 알지 못하였더라"삿 2:10.

이 새로운 세대는 불순종으로 인해 다시 속박과 고난을 당하게 되었다. 그래서 하나님은 정기적으로 사사를 세워 그들을 인도하게 하셨다. 이 지도자들을 통해 하나님의 백성에게 폭발적인 부흥과 회복이 일어났다. 그러나 하나님이 세우신 이 강한 지도자들이 있었음에도 불구하고, 이스라엘의 전반적인 상태는 점점 더 악화되어 갔다. 다음과 같은 구절들을 볼 때, 이스라엘은 하나님이 아니라 사사들에게 반응했다고 할 수 있다. "그 사사가 죽은 후에는 그들이 돌이켜 그들의 조상들보다 더욱 타락하여" 삿 2:29.

각 세대가 지나갈 때마다, 하나님의 택한 백성들의 마음은 점점 더 냉담해져 마침내 최악의 상태에 이르렀다. 엘리가 제사장이자 사사일 때 그들의 상태가 그랬다. 이스라엘을 40년간 다스린 후, 그는 마음이 무뎌지고 눈도 거의 보이지 않았다.

엘리에게는 홉니와 비느하스라는 두 아들이 있었다. 그들도 제사장이자 지도자였다. 그런데 그들의 타락은 아버지보다 한층 더했다. 엘리의 아들들은 회막 문에서 수종 들던 여자들과 성관계를 맺었다. 그들은 성적으로 부도덕했을 뿐 아니라, 하나님을 만나러 온 여자들을 자기들의 지위를 이용해 부도덕한 죄에 빠뜨린 것이다 삼상 2:22.

하나님이 그의 백성을 섬기라고 주신 지위와 권력을 남용하여 자신의 욕망을 충족시키는 수단으로 사용했다. 그들의 행동은 하나님을 매우 노하시게 했다. 엘리는 자기 아들들의 부도덕함과 탐욕을 알고 있으면서도, 그들이 계속 죄를 범하지 못하게 막거나 지도자의 자리에서 내려오게 하지 않았다.

홉니와 비느하스는 제단에서도 죄를 저질렀다. 또다시 그들은 하나님이 주신 권위를 사용해 온갖 속임수와 협박으로 하나님께 드려진 제물을 자기들이 먼저 먹음으로 자기 욕심을 채웠다.

그렇게 타락한 리더십 때문에 나라가 가장 밑바닥 상태에 이른 것이다. 과거에는 백성들이 길을 잃고 방황할 때 지도자들이 일어나 하나님께 돌아가도록 백성을 이끌었는데, 이 지도자들은 끊임없이 지위와 권력을 남용함으로써 오히려 백성들을 밀어 냈다. 이 지도자 가족 때문에 크게 분노하신 하나님은 이렇게 선언하셨다. "엘리 집의 죄악은 제물로나 예물로나 영원히 속죄함을 받지 못하리라"_{삼상 3:14.}

심판이 지연되는 이유

엘리의 아들들과 아론의 아들들인 나답과 아비후(하나님 앞에 합당치 않은 불을 가져와 분향하여 죽었다)의 죄를 비교해 보자. 왜 엘리의 아들들은 아론의 아들들만큼 속히 죽임을 당하지 않았을까? 하나님과 그의 백성들과 제물을 완전히 멸시한 그들의 죄는 누가 봐도 명백했다. 그런데 왜 그들은 아론의 아들들과는 달리 성전에서 바로 죽지 않은 것일까? 그 답은 다음 구절에서 찾을 수 있다.

> "여호와의 말씀이 희귀하여 이상이 흔히 보이지 않았더라 엘리의 눈이 점점 어두워 가서 잘 보지 못하는 그 때에 그가 자기 처소에 누웠고 하나님의 등불은 아직 꺼지지 아니하였으며 사무엘은 하나님의 궤 있는 여호와의 전 안에 누웠더니"_{삼상 3:1-3.}

이 구절들 안에 그 시대의 상황이 정확히 드러난다. 다음 사실들을 눈여겨보자.

여호와의 말씀이 희귀했다. 하나님은 모세와 말씀하실 때처럼 말씀하시지 않았다. 그분의 말씀이 희귀한 곳에는 그분의 임재도 잘 나타나지 않았다.

이상이 흔히 보이지 않았다. 이상은 하나님의 임재 안에서 나타난다. 하나님이 임재가 없었기 때문에 하나님의 행위에 대한 지식도 제한되었던 것이다.

지도자의 눈이 어두워져서 잘 보지 못했다. 신명기 34장 7절에 보면, "모세가 죽을 때 나이 백이십 세였으나 그의 눈이 흐리지 아니하였고 기력이 쇠하지 아니하였더라"고 했다. 모세는 하나님의 영광 가운데 거닐었기 때문에 시력을 잃지 않았다. 그의 몸은 대부분 그대로 보존되었다.

하나님의 등불이 꺼져 가고 있었다. 기름이 부족해서 꺼져 가고 있었다. 영광이 사라지니 하나님의 임재의 불빛도 깜박거리게 된 것이다.

아론의 아들들의 경우, 당시 하나님의 영광이 매우 강력하게 나타났었다. 여호와로부터 불이 나와 그들을 삼키므로 그들이 여호와 앞에서 죽었다고 했다. 하나님의 임재와 영광은 매우 강력했다. 그러나 엘리의 아들들은 거의 눈 먼 지도자의 그늘과 꺼져 가는 등불의 그림자 속에 숨어 있었다. 하나님의 등불은 거의 꺼졌다. 하나님의 임재의 흔적만 남아 있을 뿐이었다. 하나님의 영광이 이미 떠나간 상태였다. 즉각적인 심판도 하나님의 영광이 있을 때만 오는 것이다. 따라서 그들의 심판은 즉시 임하지 않고 연기되었다고 할 수 있다.

우리는 이 진리를 마음속에 새겨 두어야 한다. 앞에서도 말했지만, 그것은 오늘날 점점 더 명백해지고 있다. 하나님의 영광이 더 크게 나타날수록 불경한 자에 대한 심판도 더 크고 신속히 임한다! 하나님의 영광이 있는 곳에서는 죄가 들어올 때마다 즉각적인 반응이 나타난다. 죄와 의도적으로 그 죄를 품은 사람은 누구나 흔적도 없이 사라질 것이다. 빛이 강할수록 어두움이 남아 있을 가능성이 줄어든다.

창문이나 자연 채광이 전혀 없는 큰 강당을 떠올려 보라. 그곳은 어두움이 지배하고 있다. 당신은 바로 앞에 있는 자기 손도 볼 수 없을 것이다. 그때 성냥불을 켜 보라. 빛이 생기지만 제한적인 빛이다. 아직은 대부분이 어둡다. 60와트짜리 전구 하나만 켜 보라. 빛이 좀 더 퍼지지만, 아직은 어두움과 그림자가 큰 방의 대부분을 덮고 있을 것이다. 그때 이 방 안에 태양만큼 강력한 빛의 근원을 가져올 수 있다고 상상해 보라. 어두움이 완전히 소멸되고, 어두움에 덮여 있던 모든 틈새와 구석구석까지 빛이 침투해 들어갈 것이다.

하나님의 영광스러운 임재가 제한되거나 희귀할 때도 그와 같다. 어두움을 물리치지 못한다. 하나님의 심판은 연기된다. 그러나 하나님의 영광의 빛이 점점 퍼질수록 심판의 집행도 점점 다가온다. 바울은 그것을 이렇게 설명했다.

> "어떤 사람들의 죄는 밝히 드러나 먼저 심판에 나아가고 어떤 사람들의 죄는 그 뒤를 따르나니" 딤전 5:24.

아나니아와 삽비라의 죄는 하나님의 영광의 강한 빛에 드러나 즉시 심판을 받았다. 그러나 오늘날에는 그들보다 훨씬 더 큰 죄를 범한 많은 사람들이 즉석 심판을 면하고 형벌이 연기되고 있다. 이들은 엘리의 아들들과 다를 바 없다. 계속 죄를 범하면서도, 앞으로 심판을 받게 되리라는 것을 모르기 때문에 어리석은 위안을 얻는다. 안도의 한숨을 내쉬며 '아무 일도 일어나지 않았어' 하고 생각하는 것이다. '하나님의 심판에서 면제된 게 틀림없어. 하나님이 내가 한 일을 너그럽게 봐 주셨나봐' 하고 말이다. 이런 사람들은 하나님의 심판이 연기된 것을 심판받지 않는 것으로 착각하고, 잘못된 은혜의 느낌으로 위안을 받는다.

죄를 짓고도 담대한 시대

21세기 초반에 살고 있는 우리는 교회 안에서, 신자들뿐 아니라 지도자들 사이에서도 죄를 목격했다. 나는 몇 년 동안 여러 지역을 순회하면서 목사, 사역자, 장로, 또는 다른 교회 지도자가 교회 안의 여자들과 성적인 죄를 범했다는 얘기를 거의 매달 들었던 것 같다.

또 때때로 헌금을 주고받는 일을 둘러싸고 속임수와 사기가 행해지는 것을 보고 마음이 아팠던 적도 있다. 아나니아와 삽비라처럼 헌금에 대해 거짓말을 한 경우도 있었지만, 교회 지도자나 운영자들이 교회 기금을 횡령하거나 남용했다는 얘기도 몇 번 들었다. 각각 다른 주에서 일하는 두 명의 회계사들이 사역자들 사이에서 본 탐욕과 기만에 대해 나와 아내에게 솔직히 털어놓은 적도 있었다. 한 사람은 이렇게 말했다. "만약 또 어떤 사역자가 어떻게든 더 많은 돈을 받고 탈세하는 법을 알려고 내 사무실을 찾는다면 바로 문을 닫아 버릴 겁니다."

때로는 사람들을 위하는 마음보다는 탐욕과 욕망으로 헌금을 권유하기도 한다. 바울은 "내가 선물을 구함이 아니요 오직 너희에게 유익하도록 풍성한 열매를 구함이라"빌 4:17고 말했다.

이와 정반대로, 어떻게든 하나님의 백성들로부터 최대한 헌금을 거둬들이려고 방법을 공모하는 교회 지도자들의 이야기도 들었다. 더 많은 재정을 확보하기 위해, 컨설팅 회사들이 왜곡된 사실을 포함하여 조작해서 쓴 문서를 사용하는 것도 보았다. 이런 컨설턴트들 가운데 일부는 자기들이 그 일에 숙달되어 있다는 것과 어떤 반응이 나올지 정확하게 예측할 수 있다는 것을 자랑스러워하기도 한다.

베드로는 마지막 때에 그런 지도자들이 나올 것이라고 이미 경고했다. "그들이 탐심으로써 지어낸 말을 가지고 너희로 이득을 삼으니 그들의 심판은 옛적부터 지체하지 아니하며 그들의 멸망은 잠들지 아니하느니라"벧후 2:3.

만일 사도행전 같은 분위기에서 이런 행위를 저질렀다면 심판이 분명하고도 신속히 임했을 것이다. 그러나 오늘날은 하나님의 등불이 희미해졌기 때문에 심판이 지연되고 있을 뿐이다. 앞으로 두 번째로 하나님의 영광이 나타날 때가 올 것이다.

솔로몬은 이렇게 한탄했다. "그런 후에 내가 본즉 악인들은 장사지낸 바 되어 거룩한 곳을 떠나 그들이 그렇게 행한 성읍 안에서 잊어버린 바 되었으니 이것도 헛되도다"전 8:10. 그는 이 타락한 사람들이 자주 성전(교회)에 왔는데, 사람들이 그들을 좋게 생각했다고 말했다. 그들은 행위로 하나님을 조롱했는데도 눈에 띄는 심판을 받지 않고 지나간 것처럼 보인다. 그 이유는 심판이 연기되었기 때문이다.

솔로몬은 계속해서 말한다. "악한 일에 관한 징벌이 속히 실행되지 아니하므로 인생들이 악을 행하는 데에 마음이 담대하도다 죄인은 백 번이나 악을 행하고도 장수하거니와 또한 내가 아노니 하나님을 경외하여 그를 경외하는 자들은 잘될 것이요"11-12절. 악을 행한 사람들이 왜 잘될 것인가? 심판은 지연될 뿐이지 결코 없어진 것이 아니기 때문이다.

우리는 다음 성경 구절들을 통해 미리 경고를 들었다.

"보라 심판주가 문 밖에 서 계시니라" 약 5:9.

"이는 우리가 다 반드시 그리스도의 심판대 앞에 나타나게 되어 각각 선악간에 그 몸으로 행한 것을 따라 받으려 함이라" 고후 5:10.

"주께서 그의 백성을 심판하리라 말씀하신 것을 우리가 아노니 살아 계신 하나님의 손에 빠져 들어가는 것이 무서울진저" 히 10:30-31.

이러한 권면들은 세상 속의 죄인들이 아니라 교회 안의 그리스도인들을 향해 쓰여진 것이다!

엘리의 아들들은 죄를 지어도 무사할 거라고 생각했다. 어쩌면 그들의 직분이나 교회를 위해 일한다는 명목이 그들을 속이고 부추겼을지도 모른다. 어쩌면 주변 사람들의 기준대로 자신들을 판단했을지도 모른다. 어느 쪽이든 간에, 엘리의 아들들은 하나님의 심판이 지연된 것을 심판이 없는 것으로 착각했다. 이런 지도자층의 타락은 이스라엘의 부패한 영적 상태를 더욱 부패시켰다.

반쪽짜리 은혜

인간의 상태에 대한 바울의 예리한 예언은 오늘날 우리 시대를 잘 말해 준다.

"말세에 고통하는 때가 이르러 사람들이 자기를 사랑하며 돈을 사랑하며 자랑하며 교만하며 비방하며 부모를 거역하며 감사하지 아니하며 거룩하지 아니하며 무정하며 원통함을 풀지 아니하며 모함하며 절제하지 못하며 사나우며 선한 것을 좋아하지 아니하며 배신하며 조급하며 자만하며 쾌락을 사랑하기를 하나님 사랑하는 것보다 더하며" 딤후 3:1-4.

가장 우울한 사실은 바울이 세상 사회를 묘사한 것이 아니라 교회를 묘사하고 있다는 것이다! 계속해서 그가 "경건의 모양은 있으나 경건의 능력은 부인하니 이 같은 자들에게서 네가 돌아서라" 5절고 말했기 때문이다. 그들은 자주 교회에 참석하여 하나님의 말씀을 듣고, 하나님의 말씀을 이야기하고, 주님께 받은 구원의 은혜를 자랑할 것이지만, 그들을 경건하게 해줄 능력은 부인할 것이다.

그들을 경건하게 해줄 능력이란 무엇인가? 답은 간단하다. 그들이 자랑하는 하나님의 은혜. 지난 20~30년 동안 많은 교회에서 믿고 가르친 은혜는 진짜 은혜가 아니라 왜곡된 은혜다. 이것은 하나님의 선하심을 지나치게 강조하고 하나님에 대한 경외심을 경시한 결과다.

하나님의 사랑의 교리가 하나님을 경외하는 마음에 대한 이해와 조화를 이루지 못하면 오류가 발생한다. 마찬가지로 하나님을 경외하는 마음이 하나님을 사랑하는 마음과 조화를 이루지 못할 때도 똑같은 결과가 발생한다. 이것이 "그러므로 하나님의 인자하심과 준엄하심을 보라" 롬 11:22고 하는 이유다. 둘 다 고려하지 않으면 균형을 잃고 만다.

신자들과 지도자들이 하나님의 은혜나 사랑이 모든 것을 덮어 준다는 이유로 불순종의 죄를 눈감아 준다는 메시지를 들었다. 은혜는 값없이 얻는 것이며 허물을 덮어 준다. 그러나 하나님이 우리에게 가르쳐 주신 것은, 은혜와 사랑이 '눈감아 주는 것'이 아니라 '능력을 주는 것'이다.

이렇게 균형을 잃으면 우리의 이성도 흐려져서 하나님께 순종하는 것이 우리에게 불리하거나 불편할 때마다 아무 거리낌 없이 불순종하게 된다. 죄를 지으면서도, 어깨를 한 번 으쓱하며 '하나님의 은혜가 덮어 줄 거야. 하나님은 나를 사랑하시고 인생이 얼마나 힘든지 이해해 주실 테니까. 하나님은 내가 어떻게든 행복해지길 원하셔!' 하면서 스스로 위로하고 양심을 진정시킨다.

물론 대개 이런 생각을 말로 표현하지는 않지만, 말을 하나 안 하나 똑같다. 이런 생각의 결과는 바울이 예언한 대로 정확히 나타나고 있기 때문이다.

은혜와 믿음의 참된 의미

은혜는 죄를 덮어 주지만 그것은 단순히 숨겨 주는 것이 아니다. 그보다 훨씬 더 큰 일을 한다. 즉 은혜는 우리가 거룩하고 하나님의 권위에 순종하는 삶을 살 수 있게 해주고 능력을 준다. 히브리서 저자는 이렇게 권면한다. "은혜를 받자 이로 말미암아 경건함과 두려움으로 하나님을 기쁘시게 섬길지니"히 12:28.

여기서 말하는 은혜는 모든 것을 덮어 주는 푹신한 이불 같은 것이 아니라, 우리가 합당한 경건함과 두려움으로 하나님을 섬길 수 있게 해주는 힘이다. 그것이 순종하는 삶의 배후에 있는 능력의 본질이다. 또한 우리의 구원을 확증해 주는 증거이기도 하다.

반대로 이렇게 반박하는 사람도 있을 것이다. "하지만 성경은 '너희는 그 은혜에 의하여 믿음으로 말미암아 구원을 받았으니 이것은 너희에게서 난 것이 아니요 하나님의 선물이라'엡 2:8고 말합니다."

맞는 말이다. 우리 힘으로 하나님 나라를 유업으로 받을 만한 삶을 산다는 것은 불가능하다. 모든 사람이 죄를 범하였고 하나님의 의로운 기준에 미치지 못하기 때문이다. 감히 하나님 앞에 서서 자신의 업적과 자선 행위, 또는 선한 삶을 내세우며 하나님 나라에 들어갈 권리가 있다고 주장할 수 있는 사람은 아무도 없다. 모든 사람은 죄를 범했고, 영원히 불못에 던져져야 마땅하다.

그러나 이런 우리의 부족함을 보시고 하나님은 은혜를 통한 구원을 선물로 주신다. 은혜는 결코 노력해서 얻을 수 있는 것이 아니다롬 4:4. 교회 안에서 많은 사람들이 이것을 알고 있다. 하지만 그들은 우리를 구속할 뿐 아니라 완전히 다른 삶을 살 수 있게 해주는 은혜의 능력을 강조하지는 않는다. 하나님의 말씀은 다음과 같이 선언한다.

"이와 같이 행함이 없는 믿음은 그 자체가 죽은 것이라 어떤 사람은 말하기를 너는 믿음이 있고 나는 행함이 있으니 행함이 없는 네 믿음을 내게 보이라 나는 행함으로 내 믿음을 네게 보이리라 하리라" 약 2:17-18.

야고보는 바울의 말에 반박한 것이 아니다. 오히려 그는 사람이 하나님의 은혜를 받은 증거는 하나님께 순종하는 삶이라고 말함으로써 바울의 메시지를 더 명확히 해주었다. 이 은혜는 경건한 순종에 대한 '갈망' 뿐 아니라 그렇게 살 수 있는 '능력' 까지 준다. 그러므로 늘 하나님의 말씀에 불순종하는 사람은 믿음이 부족하거나 진실한 믿음이 없는 사람이다.

야고보는 계속해서 말한다.

"이로 보건대 사람이 행함으로 의롭다 하심을 받고 믿음으로만은 아니니라" 약 2:24.

야고보는 믿음의 조상 아브라함을 예로 들면서 이야기를 시작했다. "우리 조상 아브라함이 그 아들 이삭을 제단에 바칠 때에 행함으로 의롭다 하심을 받은 것이 아니냐" 21절. 아브라함은 행동으로 믿음을 입증해 보였다. 그의 믿음이 온전해졌다는 것을 행위가 입증해 준 것이다. "이에 성경에 이른 바 아브라함이 하나님을 믿으니 이것을 의로 여기셨다는 말씀이 이루어졌고" 23절.

우리말에서 '믿는다' 는 말은 어떤 것의 존재를 마음으로 인정한다는 뜻으로 축소되었다. 수많은 사람들이 감정적으로 동요되어 '죄인의 기도'를 드렸다가 본래의 불순종의 길로 돌아가 버렸다. 그들은 계속 자신을 위해 살며, 자신을 변화시킬 능력이 없는 감정적인 구원만 믿고 의지한다. 물론 그들은 하나님을 믿는다. 하지만 성경은 이렇게 말한다. "네가 하나님은 한 분이신 줄을 믿느냐 잘하는도다 귀신들도 믿고 떠느니라!" 19절

마음의 변화가 없고, 따라서 행동의 변화가 없는데 예수 그리스도를 인정하는 것이 무슨 소용이 있는가?

성경은 '믿는다'는 말의 또 다른 의미를 보여 준다. 그것은 예수님의 존재를 인정하는 것 이상의 의미가 있다. 즉 그와 함께 하나님의 말씀과 뜻에 순종하는 것이다. 이것이 "온전하게 되셨은즉 자기에게 순종하는 모든 자에게 영원한 구원의 근원이 되시고"라는 히브리서 5장 9절 말씀을 잘 설명해 준다. 믿는 것은 곧 순종하는 것이며, 순종하는 것이 믿는 것이다.

아브라함의 믿음의 증거는 그에 부합하는 순종이었다. 그는 자신의 귀한 아들인 이삭을 하나님께 바쳤다. 아브라함에게는 그 어떤것도, 심지어 자기 아들조차도 하나님께 대한 순종보다 중요하지 않았다.

이것이 참된 믿음이다. 그래서 아브라함이 '믿음의 조상'이라는 영광을 받은 것이다 롬 4:16. 오늘 우리 교회에도 이와 같은 믿음과 은혜가 나타나는 것을 보는가? 그렇지 않다면, 우리는 어떻게 속임을 당해 왔는가?

하나님이 우리와 같다?

엘리와 그의 아들들은 이스라엘 백성들을 기만했을 뿐 아니라 그들 자신도 기만했다. 그들은 하나님이 자신들의 불순종을 눈감아 주셨다고 믿었다. 양심이 마비되어, 하나님이 대체로 자신들과 같다고 생각한 것이다. 그래서 그들이 아는 것과 보는 것으로 하나님을 판단했다.

바울은 계속해서 우리 시대의 교회에서 자신을 경건하게 하는 능력이 없는 사람들을 묘사한다. "악한 사람들과 속이는 자들은 더욱 악하여져서 속이기도 하고 속기도 하나니"딤후 3:13.

바울의 예언적인 통찰은 오늘날 확증되고 있다. 교회의 타락한 지도자들과 거짓된 신자들에게 하나님은 이렇게 말씀하신다.

> "네가 어찌하여 내 율례를 전하며 내 언약을 네 입에 두느냐 네가 교훈을 미워하고 내 말을 네 뒤로 던지며 도둑을 본즉 그와 연합하고 간음하는 자들과 동료가 되며 네 입을 악에게 내어 주고 네 혀로 거짓을 꾸미며 앉아서 네 형제를 공박하며 네 어머니의 아들을 비방하는도다"시 50:16-20.

하나님은 "왜 너희는 나를 두려워하지도 순종하지도 않으면서 내 말을 전파하느냐? 어찌하여 다른 사람들과 너희 자신을 속이느냐?"라고 물으신다. 또 그들에게 말씀하신다.

"네가 이 일을 행하여도 내가 잠잠하였더니 네가 나를 너와 같은 줄로 생각하였도다 그러나 내가 너를 책망하여 네 죄를 네 눈 앞에 낱낱이 드러내리라" 시 50:21.

하나님은 "내가 잠잠하였다"고 하셨다. 심판은 단지 연기된 것이지 취소된 것이 아니다. 하나님이 "내가 너를 책망하여 네 죄를 네 눈 앞에 낱낱이 드러내리라"고 확실히 말씀하셨기 때문이다.

'하나님의 질서'가 '영광의 계시'보다 먼저 온다는 것을 기억하라. 일단 영광이 나타나면, 하나님의 질서를 유지하기 위해 무질서한 것은 즉시 심판을 받게 된다. 하나님은 심판을 기다리는 자들에게 "내가 죄를 낱낱이 드러내어 질서를 잡을 것이다"라고 분명히 약속하셨다.

불경한 행위로 불순종하는 자들에게 위안을 주는 것은 그들의 잘못된 양심이라는 사실을 주의하라. 그들은 하나님이 순전히 자기들과 같다고 믿는다. 이것은 하나님의 영광의 형상을 타락한 인간 수준으로 끌어 내리는 것이다!

하나님의 사람들이여, 그분의 자비의 말씀을 들으라! "자비의 말씀이라고? 난 당신이 심판에 대해 말하고 있는 줄 알았는데…"라고 말할지도 모르겠다. 그러나 예언자의 설교와 글을 통해서 하나님이 우리에게 경고하시는 이유는 우리가 하나님의 심판을 받지 않게 하시기 위함이다. 그러므로 하나님의 메시지는 자비의 메시지인 것이다!

타락한 이 시대를 향한 하나님의 응답

성령에 의해 바울은 하나님의 계시된 영광이 점점 약해지다가 마침내 다시 최저 상태에 이르는 것을 보았다. 두 번째로 은혜가 나타나기 전에는 그런 영적 기후만 나타날 것이다. 제사장과 백성 모두 타락할 것이다. 바울은 예언하면서도 한탄했다.

"때가 이르리니 사람이 바른 교훈을 받지 아니하며 귀가 가려워서 자기의 사욕을 따를 스승을 많이 두고" 딤후 4:3.

안타깝지만 우리는 그런 시대에 살고 있다. 너무나 많은 목회자들과 사역자들이 하나님의 의를 전하는 것보다 대중의 마음을 끄는 일에 더 몰두하는 것 같다. 여태 힘들게 쌓아 온 모든 것이 행여 무너질까 봐 담대히 진리 전하기를 두려워한다. 그래서 사람들이 듣고 싶어하는 말만 하고 정면 대응을 피한다.

그 결과는 아주 파괴적이다. 죄인들은 회중석에 앉아 있으면서도 죄를 깨닫지 못하고 무엇이 의로운 것인지 알지 못한다. 이 헷갈리는 사람들 중 다수가 실제로 구원받지 못했는데도 스스로 구원받았다고 생각한다.

또, 어떤 사역자들은 하나님의 칭찬은 생각지도 않고 사람의 칭찬과 보상을 바라보고 일한다. 경건한 교인들이 "하나님이 어디 있는가?"라고 외치고 있는데도 말이다. 무엇보다도 슬픈 현실은,

우리 사회가 어둠의 포로가 되어 교회를 경멸의 눈으로 바라본다는 것이다. 교회까지 전염되어 하나님을 경외하지 않고 병들어 버리면 세상을 변화시킬 수가 없다.

　하나님의 해답은 무엇인가? 그것은 '남은 자'라는 말 속에서 찾을 수 있다. 하나님이 이른 비를 내리실 때 그분의 말씀 앞에 두려워 떠는 남은 자를 찾아 그분의 영광을 충만하게 해주신 것처럼, 늦은 비가 내리는 이 마지막 때에도 그리스도인들 중에 남은 자를 찾아 그를 통해 다시금 그분의 영광을 드러내실 것이다. 이 사람들의 많고 적음은 중요하지 않다. 그들은 개인의 삶에 어떤 희생이 따르더라도 하나님을 사랑하고 순종할 것이다. 오늘날 전세계에 그런 영광의 나타남을 간절히 기다리며 부르짖는 그리스도인들이 있다.

THE FEAR OF THE LORD

더 큰 영광을 기다리라

예수님이 재림하시기 직전에 하나님의 영광은 일곱 배 더 크게 나타날 것이다.
하나님의 영광의 늦은 비는 하나님의 백성들뿐 아니라
그들 주변에 있는 사람들 마음까지 새롭게 해줄 것이다.

> 이 성전의 나중 영광이 이전 영광보다 크리라
> 만군의 여호와의 말이니라 학 2:9.

한 그리스도인이 늦은 비를 맞고 있다고 자랑하는 것을 들었다. 그들은 마치 선지자들이 예견한 하나님의 성령의 부어 주심을 지금 교회가 경험하고 있는 것처럼, 예수님이 어느 날 오셔서 우리를 데려가 주실 것처럼 말한다. 이렇게 말하는 사람들에게 나는 대답한다. "당신의 비전은 너무 작습니다! 하나님이 실제로 하실 일보다 훨씬 모자란 것에 만족하고 있으니까요"라고 말이다.

더러는 무지해서 그러기도 하고, 대개는 정말 하나님이 역사하시는 동안 그렇게 생각하기가 쉽다. 이런 모임들 속에서 하나님의 영이 놀랍게 역사하신다고 해서, 반드시 우리가 늦은 비의 영광을 경험하고 있다고 말할 수는 없다. 우리는 하나님의 능력, 기름 부음, 은사를 수반하는 성령의 새로운 역사를 장차 올 하나님의 영광과 혼동하는 일이 많다. 그래서 마음의 눈으로 다가오는 하나님의 영광을 보지 못하는 것이다.

또 어떤 사람들은 영적 나태함 때문에 그렇게 말하기도 한다. 그들은 하나님의 높은 소명을 향해 나아가는 데 지쳤고, 그래서 하나님이 그들을 부르신 곳보다 훨씬 못 미치는 자리에 주저앉아 버렸다. 또 완전히 주저앉지는 않았지만 다른 편안한 길을 찾아 목적 없이 방황하고 있는 이들도 있다. 이 길들은 타협, 세속적인 마음, 종교, 거짓된 연합이라는 이름을 지니고 있다. 어떤 경우든 이런 길을 가는 사람들은 인간의 영광에 만족하고 있는 것이다. 그러나 그렇게 빈둥거리며 시간을 보내다 보면 결국 하나님의 영광이 나타날 때 그 영광을 거부하고 말 것이다.

어떤 이들은 순전히 과장해서 하나님의 영광이 나타나고 있다고 선포한다. 이것은 매우 불경한 것이기 때문에 가장 위험하다. 하나님은 내 마음에 "모조품에 만족하는 자들은 절대 진품을 보지 못할 것이다"라고 말씀하셨다. 그들이 계속 그렇게 불경한 자세를 가지고 있으면 하나님의 영광이 나타날 때 심판을 받게 될 것이다. 하나님의 영광은 본래 마음을 새롭게 하고 기쁨을 주기 위한 것이지만, 그들은 심판을 받을 것이다.

이렇게 반박할 사람이 있을지도 모르겠다. "하지만 오늘날 하나님의 능력과 치유와 기적이 점점 더 크게 나타나고 있습니다." 정말 그럴지도 모르지만, 그것이 늦은 비를 가리킨다고 할 수는 없다. 우리는 하나님을 기쁘시게 해드리지 않는 사람들 안에서도 성령의 은사들이 역사할 수 있다는 것을 명심해야 한다. 하나님의 기름 부으심이 있다고 해서 반드시 하나님의 인정이 따르는 것은 아니다. 예수님은 심판 날에 많은 사람들이 그분께 나아와 자기들이 주의 이름으로 귀신을 쫓아내고 예언하고 많은 기적을 행했다고 말할 것이나 주님은 "불법을 행하는 자들아 내게서 떠나가라!"고 말씀하실 것이라고 경고하셨다.

우리는 하나님이 세상을 창조하신 목적을 기억해야 한다. 하나님이 아담을 동산에 두신 것은 전세계로 나아가 설교하거나, 병을 고치거나, 마귀를 쫓아내게 하시려는 것이 아니었다. 하나님은 아담을 동산에 두시고 그와 함께 거닐기 원하셨다. 그분은 아담과 친밀한 관계를 원하셨는데, 아담의 불순종 때문에 그 관계가 끊어져 버린 것이다.

우리는 하나님을 위해, 하나님의 영광과 공존하기 위해 창조되었다. 그러나 우리가 하나님을 기쁘게 해드리려면 우리 안에 불순종이란 것이 없어야 한다. 우리의 참된 영적 상태를 가늠하는 정확한 척도는 실제로 하나님의 뜻에 얼마나 순종하는가 하는 것이다. 우리 삶에 기름 부음이 있다 해도 여전히 하나님의 마음에서 멀어져 있을 수 있다. 유다, 발람, 사울 왕의 예를 생각해 보라. 그들은 기름 부음을 받았으나 이기적인 동기 때문에 하나님의 영광을 누리지 못했다.

하나님이 자녀들을 양육하시는 목적은 어떤 기적을 행하게 하시려는 것이 아니다. 하나님은 구약성경에서 발람의 당나귀를 통해 말씀하셨지만, 이 짐 나르는 짐승 안에 하나님의 영광이 머물지는 않으셨다. 지난 6천 년 동안 하나님은 그분을 사랑하고 경외함으로 순종하는 자녀들에 의해 만들어지는 성전, 하나님 자신을 위한 그 성전을 마련하기 위해 줄곧 인내하며 역사해 오셨다. 베드로는 "너희도 산 돌같이 신령한 집으로 세워지고"벧전 2:5라고 말했다. 또 바울은 "너희도 성령 안에서 하나님이 거하실 처소가 되기 위하여 그리스도 예수 안에서 함께 지어져 가느니라"엡 2:22고 단언했다.

솔직히 우리는 하나님의 성전으로서 아직 그분의 영광을 맞이할 준비가 안 되었다는 것을 인정해야 한다. 성전은 아직도 건축 중에 있다. 우리의 마음속에서 하나님의 질서가 회복되고 있는 것이다.

거룩한 질서를 회복하라

이스라엘 역사에서 현재 교회 상태와 비슷한 시기가 또 있었다. 이스라엘 백성에게 일어난 사건과 그들이 받은 교훈들은 장차 교회에 나타날 일들의 모형이요 그림자라는 것을 명심하라. 70년 바벨론 포로기를 지난 후, 한 유대인 무리가 그들이 사랑하는 약속의 땅으로 돌아왔다. 심판이 지나가고 회복이 시작되었다. 이제 성벽과 성전을 다시 세울 때였다.

처음에 재건을 시작할 때는 뜨거운 열정과 헌신으로 열심히 일했다. 그러나 처음의 흥분이 점차 가라앉으면서 사람들은 열의를 상실했고, 16년이 지나도록 성전 건축을 마무리하지 못했다. 하나님의 집을 다시 세우는 것보다 그들의 개인적인 관심사들이 더 우선시되었다. 개인적인 일들에 빠져 하나님을 경배하는 마음이 점차 식어 갔다. 하나님이 중요하고 거룩하게 여기신 것들이 뒤로 밀려났다.

하나님은 그런 백성들을 일깨우기 위해 학개 선지자를 일으키셨다. 그는 백성들에게 이렇게 물었다. "이 성전이 황폐하였거늘 너희가 이 때에 판벽한 집에 거주하는 것이 옳으냐?"학 1:4 이스라엘 백성들은 이미 초점이 하나님으로부터 자신들에게로 옮겨갔기 때문에 균형을 잃어버린 것이다. 이렇게 되면 하나님을 향한 열정과 열망은 자연히 수그러들게 마련이다.

하나님은 이 선지자를 통해 그들이 만족을 얻지 못하는 이유를 설명해 주셨다. "너희가 많은 것을 바랐으나 도리어 적었고 너희가 그것을 집으로 가져갔으나 내가 불어 버렸느니라 나 만군의 여호와가 말하노라 이것이 무슨 까닭이냐 내 집은 황폐하였으되 너희는 각각 자기의 집을 짓기 위하여 빨랐음이라 그러므로 너희로 말미암아 하늘은 이슬을 그쳤고 땅은 산물을 그쳤으며"9-10절.

수확을 해야 하는데 비가 내리지 않았다. 우리가 하나님 대신 '축복'을 구할 때마다, 하나님은 그것을 거두어 가심으로 우리가 다시 하나님을 찾게 하실 것이다.

오늘날 우리가 처한 딜레마도 그만큼 곤란한가? 우리도 회복기에 살고 있다. 성경에 보면 만물이 회복될 때까지 예수님이 재림하시지 않는다고 말하기 때문이다행 3:21 참조. 그러나 우리는 회복의 때에 이스라엘 백성들처럼 행동했다. 축복만 구하고 편안하고 안락한 것만 찾은 것이다. 대부분의 사람들은 자신의 집을 짓는 데 가장 좋은 것을 바쳤다. 개인적인 성공을 이루어 편안하고 안락한 생활을 누리기 위해, 주어진 시간의 대부분을 쏟아 부었다.

성경은 예수님이 다시 오시기 전에 우리가 잃어버린 모든 것을 되찾게 되리라고 약속한다. 하나님은 이스라엘의 성전을 회복시키셨지만, 우리의 성전은 물리적인 것이 아니라 마음의 제단이다. 이 거룩한 성전이 수리되고 회복되어 다시금 하나님의 영광을 위해 거룩한 질서를 되찾게 될 것이다.

나를 공경함이 어디 있느냐?

그 후에 하나님은 구약의 마지막 선지자 말라기를 통해 다시 한 번 이스라엘에게 물으셨다. 말라기는 학개와 같은 회복기에 살았다. 그는 이렇게 외쳤다.

"내 이름을 멸시하는 제사장들아 나 만군의 여호와가 너희에게 이르기를 아들은 그 아버지를, 종은 그 주인을 공경하나니 내가 아버지일진대 나를 공경함이 어디 있느냐 내가 주인일진대 나를 두려워함이 어디 있느냐 하나 너희는 이르기를 우리가 어떻게 주의 이름을 멸시하였나이까 하는도다 너희가 더러운 떡을 나의 제단에 드리고도 말하기를 우리가 어떻게 주를 더럽게 하였나이까 하는도다 이는 너희가 여호와의 식탁은 경멸히 여길 것이라 말하기 때문이라 만군의 여호와가 이르노라 너희가 눈 먼 희생제물을 바치는 것이 어찌 악하지 아니하며 저는 것, 병든 것을 드리는 것이 어찌 악하지 아니하냐 이제 그것을 너희 총독에게 드려 보라 그가 너를 기뻐하겠으며 너를 받아 주겠느냐"말 1:6-8.

하나님이 그의 백성에게 물으셨다. "너희는 나를 주라 부르는데, 나를 공경함이 어디 있느냐?" 어떻게 하나님이 공경을 받지 못하셨는가? 사람들이 자신을 위해 가장 좋은 것을 아껴 두고 하나님께는 차선의 것을 드린 것이다.

하나님은 백성들의 행동을 무례하고 불경하다고 하셨다. 이스라엘 백성들이 자신들의 잘못을 좀 더 명확히 보도록 돕기 위해, 하나님은 그들에게 "나에게 바친 것을 너희 총독(즉 우주의 왕보다 훨씬 낮은 위치의 상사나 지도자)에게 드려 보라"고 하셨다. 많은 사람들이 하나님을 섬기듯이 고용주를 위해 일한다면, 일주일도 못 되어 해고당할 것이다.

많은 교회에서 대다수의 교인들은 무언가를 받거나 구경꾼으로 올 뿐 결코 주거나 섬기러 오지 않는다. 그들은 주일 예배가 계획대로 정해진 시간에 끝나는지 시계를 보며 확인한다. 그리고 시간이 없다는 이유로 주중 기도 모임에는 참석하지도 않는다. 그런데 그런 사람들이 자신의 생활 수준을 유지하고 성공을 이루기 위해서는 오랜 시간 열심히 일한다.

섬기는 사람들이 그렇게 부족하기 때문에 교회는 자연히 가난하고 궁핍한 성도들을 돌아보는 일에 소홀히하게 된다. 그런데 결과적으로 보면, 이런 사람들이 가난한 사람들의 필요를 제대로 채워 주지 못한다고 목회자나 과중한 업무에 시달리는 지도자들을 비판한다.

그런데 그 사람들 중에 어떤 이들은 자기가 부양하기 위해 그토록 열심히 일하는 가족들을 위해서조차 시간을 내지 않는다. 그들은 다음과 같이 말하며 가족을 한쪽으로 밀어 낸다. "물론 난 너희를 사랑한단다. 내가 너희를 먹여 살리려고 얼마나 바쁘게 일하는지 모르겠니? 지금은 날 혼자 있게 해주렴. 너무 피곤하고, 지금은 너희를 위해 시간을 낼 수가 없단다!"

하나님은 그들이 빠진 혼란스러운 상황에 대해 이렇게 말씀하신다. "너희가 많은 것을 바랐으나 도리어 적었고 너희가 그것을 집으로 가져갔으나 내가 불어 버렸느니라 나 만군의 여호와가 말하노라 이것이 무슨 까닭이냐 내 집은 황폐하였으되 너희는 각각 자기의 집을 짓기 위하여 빨랐음이라 그러므로 너희로 말미암아 하늘은 이슬을 그쳤고 땅은 산물을 그쳤으며"학 1:9-10.

하나님을 제한하지 말라

말라기와 학개는 참된 선지자들이었다. 그들은 강한 예언으로 이스라엘 백성의 마음을 변화시켰다. "그들의 하나님 여호와의 목소리와 선지자 학개의 말을 들었으니 이는 그들의 하나님 여호와께서 그를 보내셨음이라 백성이 다 여호와를 경외하매"학 1:12라고 성경은 말한다.

하나님을 향한 공경심이 회복되었다. 이제 초점은 다시 성전으로 옮겨졌고, 그들의 개인적인 관심사들은 부차적인 것이 되었다. 우리가 하나님을 경외할 때 항상 그분의 관심사와 소원들을 우리 자신의 것보다 위에 두게 될 것이다.

오늘날 우리에게는 학개나 말라기 같은 설교자들이 필요하다. 하나님을 기쁘시게 하기 위해 대중의 인기를 기피하는 사람들이 필요하다. 정확한 말씀을 전해 줄 설교자들, 사람들이 듣고 싶어하는 말과 정반대되더라도 그들이 꼭 들어야 할 말씀을 전해 줄 자들이 필요하다.

오늘날에는 자신의 라이프 스타일을 향상시키는 법이나 성공하는 법을 다룬 책이 잘 팔린다. 우리는 사람들 입맛에 맞는 주제에 대해 글을 쓰고 설교한다. 그러나 자신의 메시지가 세상에서 환영받지 못하더라도 오직 하늘나라에서 환영받기만을 바라는 설교자들은 어디 있는가?

순회 설교를 하다 보니, 어떤 때는 주최 측에서 내 설교 시간을 제한할 때가 있다. 주로 1시간 반 내에 끝내 달라는 부탁을 받는다. 일반적으로 이렇게 하는 데는 두 가지 이유가 있다. 첫 번째 이유는 설교가 너무 길어지면 주최 측 교회의 교인 수와 저녁 예배 참석 인원이 줄어들까 봐 걱정돼서다. 많은 사람들이 두 시간 넘는 영화나 두 시간짜리 스포츠 경기는 잘도 앉아 보면서 설교가 45분만 넘어가면 안절부절 못한다.

두 번째 이유는, 어린이 사역자들에게 그런 예배에 대한 중압감이 있기 때문이다. 나는 어린이 사역자들이 아이들을 즐겁게 해 주는 대신 그 아이들을 섬길 때 진정한 하나님의 감동을 경험하게 된다고 믿는다! 나는 3시간 넘게 지속된 예배를 인도해 본 적이 몇 번 있는데, 아이들이 섬김을 받고 있었기 때문에 그 시간을 전혀 힘들어하지 않았다. 예배를 효과적으로 드리려면 반드시 시간이 길어야 한다는 말이 아니다. 이런 자세들은 우리가 관심을 집중할 만큼 중요하게 여기는 것이 무엇인지를 보여 줄 뿐이다.

대형 교회들 안에서 이런 모습을 더 자주 보게 된다. 때로는 미적지근한 회심자들이 불편함을 느끼지 않고 교회에 얼른 들어왔다가 나갈 수 있도록 분위기를 만들어 주기 때문에 교회가 커지는 경우도 있다.

물론, 성령님이 예배 가운데 나타나지 않으신다면 1시간 반이 넘도록 예배드릴 이유가 없다. 솔직히 성령님이 계시지 않으면 그 시간도 길다. 하지만 지도자들이 성령님이 원하는 방법대로 행하시고 말씀하시도록 인도하는 예배에는 성령님이 반드시 나타나실 것이다!

최근에 어느 대형 교회에서 집회를 하는데, 그 교회 담임목사가 예배를 1시간 반 안에 끝내 달라고 부탁했다. 나는 그의 지위를 존중하는 마음으로 대답했다. "성령님이 일하시는 시간을 제한하기 원하십니까? 그렇게 하면 하나님의 참된 역사가 나타나지 않을지도 모릅니다."

그러자 그는 수긍하며 이렇게 말했다. "좋습니다. 하지만 2시간 안에는 끝내 주시기 바랍니다."

월요일 저녁에 드린 마지막 예배에서 나는 아주 강한 메시지를 전했다. 회개 요청을 하자 약 80퍼센트의 사람들이 앞으로 나왔다. 그러나 내게 주어진 시간이 다된 것을 알고 예배를 마쳤다. 하나님이 신자들의 몸 위에 세우신 권위를 내가 존중할 때 하나님이 기뻐하신다는 것을 알게 되었다.

이튿날 아침 일찍 나는 급히 집으로 돌아왔다. 그런데 그 다음 날 그 목사에게서 전화가 왔다.

"목사님께서 우리 교회 임원들을 위해 기도해 주실 거라 생각했는데 아쉽습니다."

"저도 그러려고 했는데, 시간이 없어서요."

그러자 그는 이렇게 말했다. "목사님, 그날 집에 가니까 아내가 거실 한복판에 주저앉아 울고 있었어요. 그러면서 저를 보고 '우린 하나님을 놓쳐 버렸어요. 그 집회는 계속되어야 했어요'라고 말하더군요. 우리는 삶이 변화되었다고 간증하는 성도들의 전화를 하루 종일 받았어요. 이 지역의 다른 교인들이 전화를 걸어 '하나님이 그쪽 교회에서 무슨 일을 하고 계신다고 들었습니다. 오늘 밤에 예배가 있습니까?'라고 묻기도 했습니다. 제가 왜 목사님의 시간을 제

8장. 더 큰 영광을 기다리라   149

한했는지 모르겠습니다. 하나님께서 그 부분에 대해 저를 일깨워 주셨어요."

나는 이렇게 대답했다. "목사님, 목사님의 마음이 열린 것을 보니 제가 너무나 기쁩니다."

그는 가능한 한 빨리 돌아와서 일주일간 집회를 인도해 달라고 부탁했다. 내가 만난 목사들 가운데 자신의 교회에서 성령을 제한 하던 모든 목사들이 그와 같이 성령의 역사에 열린 마음을 갖게 되었다고 말할 수 있다면 얼마나 좋을까.

하나님은 예레미야를 통해 불경한 자세를 한탄하셨다.

"이 땅에 무섭고 놀라운 일이 있도다 선지자들은 거짓을 예언하며 제사장들은 자기 권력으로 다스리며 내 백성은 그것을 좋게 여기니 마지막에는 너희가 어찌하려느냐" 렘 5:30-31.

하나님은 제사장이 자기 권력으로 다스린다고 책망하셨다. 목회자들이 성령의 인도에 순종하기보다 권력으로 다스릴 때 이런 일이 발생한다. 성령님께 1시간 반만 드릴 테니 그 안에 일을 다 마쳐 달라고 말하는 것은 매우 무례한 일이다. 지도자들이 엄격한 패턴을 따르고 하나님의 조언을 구하지 않은 채 결정을 내릴 때 하나님은 분노하신다. 그러나 하나님이 가장 놀라신 것은 그분의 백성들이 그런 방식을 좋아한다는 사실이다! 그런 제한을 두는 것이 자신의 불경하고 이기적인 라이프스타일을 보호해 주는 경우가 많기 때문이다.

아주 무서운 말씀이지만, 이 구절이 묘사하는 상황은 오늘날 흔히 볼 수 있다. 교회 안에서 말씀을 선포하는 사람들의 말이 실제로 하나님의 백성들의 마음에 전혀 힘을 불어넣어 주지 못하는 경우가 많다. 그저 축복의 약속으로 일시적인 위안을 줄 뿐이다. 그러나 결국 그 말대로 이루어지지 않아 하나님께 실망하게 되면 사람들은 낙심에 빠진다.

참 안타까운 것은, 많은 설교와 개인적인 예언들이 하나님의 자녀들 마음속에 잘못된 태도와 신념들을 심어 주고 있다는 사실이다. 이를테면 이런 것이다. '하나님은 당신이 행복하기 원하신다. 하나님은 당신이 복 받기 원하신다! 성공적인 라이프스타일이 당신을 기다리고 있다!'

하지만 신약성경에 나오는 개인적인 예언들을 한번 연구해 보라. 몇 군데 안 되는데, 대부분 하나님께 영광을 돌리려 하는 사람들이 당할 결박과 환난, 죽음을 이야기하고 있다 요 21:18-19, 행 20:22-23, 행 21:10-11 참조. 오늘날의 많은 개인적 예언들과 얼마나 다른가!

이른 비가 내릴 때 큰 복이 왔지만, 그와 함께 신속한 심판이 내렸다. 하나님은 "마지막에는 너희가 어찌하려느냐?"고 물으신다. 나는 하나님이 이렇게 경고하신다고 믿는다. "너희가 변하지 않으면, 내 영광의 날에 너희가 복을 받지 못하고 심판을 받게 될 것이다."

초대 교회의 영광을 기억하라

다시 학개서로 돌아가 보자. 이스라엘 백성들의 마음속에 하나님을 경외하는 마음이 회복되었고, 그들의 초점은 다시 하나님께 돌아갔다. 그러자 학개는 성전의 현 상태를 지적했다.

"너희 가운데에 남아 있는 자 중에서 이 성전의 이전 영광을 본 자가 누구냐 이제 이것이 너희에게 어떻게 보이느냐 이것이 너희 눈에 보잘것없지 아니하냐" 학 2:3.

나는 하나님이 오늘날 우리에게도 똑같이 물으신다고 믿는다. "너희 중에 교회의 이전 영광을 기억하는 자가 얼마나 되느냐? 지금에 비하면 그것이 어떠하냐? 하나님의 성전인 우리와 비교하면 어떠하냐?"

비교를 해보기 위해 사도행전에 나타난 교회의 영광을 살펴보자. 이른 비가 내린 첫째 날인 오순절에 예루살렘에 모인 수많은 사람들의 관심을 사로잡은 강력한 힘이 나타났다. 그 시절에는 라디오, 텔레비전, 또는 신문 광고도 없었다. 광고지를 전달하는 일도 없었다. 사실상 어떤 모임도 사전에 계획된 바 없었다. 그러나 하나님이 아주 강력하게 자신을 나타내심으로 수많은 사람들이 기름 부음 받은 베드로의 말을 들었고 수천 명이 구원을 받았다. 이 모임은 교회나 공회당, 또는 경기장에서 열린 모임이 아니라, 길거리에서 이루어진 모임이었다.

잠시 후 베드로와 요한이 성전으로 가는데 나면서 못 걷게 된 장애인을 보았다. 그는 매일 그 자리에서 구걸했다. 베드로가 그 사람을 일으키자, 절름발이가 예수님의 이름으로 치유를 받았다. 어느 새 수많은 무리들이 다시 모여들었다. 베드로가 설교하자, 5,000명이 구원을 받았다. 그때는 회개할 사람들은 나오라고 할 시간도 없었다. 설교를 마치기도 전에 베드로와 요한이 체포되었기 때문이다. 아주 짧은 시간에 교인 수가 120명에서 8,000명을 넘어섰다.

베드로와 요한은 감옥에서 나온 후 다시 다른 신자들에게 갔다. 그들이 한 마음으로 기도하자 건물이 흔들렸다. 얼마나 큰 힘인가! 오늘날 설교자들 중에는 과장해서 말하기 좋아하는 사람들도 있지만, 성경은 그렇지 않다. 성경에서 건물이 흔들렸다고 하면, 정말 흔들린 것이다!

그리고 얼마 후에 한 남자와 여자가 헌금을 바쳤는데, 불경한 마음 때문에 즉시 쓰러져 죽었다. 그 사건 다음에 나오는 말씀은 이것이다.

"심지어 병든 사람을 메고 거리에 나가 침대와 요 위에 누이고 베드로가 지날 때에 혹 그의 그림자라도 누구에게 덮일까 바라고" 행 5:15.

하나님의 영광이 얼마나 강하게 나타났는지, 베드로가 이 사람들을 지나가기만 해도 치유를 받았다!

8장. 더 큰 영광을 기다리라

그때 예루살렘에서는 교회에 대한 박해가 강해져서 신자들은 유대와 사마리아 지방으로 뿔뿔이 흩어졌다. 그 가운데 한 사람이 빌립인데, 그는 과부를 구제하는 일을 맡았던 사도로 사마리아에 가서 복음을 전했다. 온 도시가 그의 설교를 들었고, 그가 행한 큰 기적을 보자 수많은 사람들이 그에게 주의를 기울였다. 성경에 "그 성에 큰 기쁨이 있더라"행 8:8고 기록될 만큼 그 도시에 성령의 역사가 매우 크게 나타났다.

빌립은 하나님의 사자로부터 광야로 가라는 말을 들었고, 거기서 에티오피아의 높은 권위자를 만나게 되었다. 빌립은 그를 예수님께 인도하고 세례를 주었다. 그러자 주의 영이 빌립을 이끌어 가시므로 그가 눈앞에서 사라져 버렸다. 광야에서 아소도라는 도시로 옮겨간 것이다.

그리고 얼마 후 베드로는 룻다라는 도시로 간다. 거기서 애니아라는 사람을 만나는데, 그는 8년 동안 중풍으로 누워 지냈다. 베드로가 예수님의 이름으로 그에게 말하자, 이 사람이 그 자리에서 병이 나아 일어났다. 성경은 "룻다와 사론에 사는 사람들이 다 그를 보고 주께로 돌아오니라"행 9:35고 말한다. 결국 두 도시 전체가 구원받게 된 것이다!

나중에는 하나님이 이방인들 사이에서도 힘 있게 역사하시는 것을 보게 된다. 신자들이 가는 곳마다 온 도시가 영향을 받았다. 그래서 성경에 보면 이 신자들에 대해 "천하를 어지럽게 하던 이 사람들이 여기도 이르매"행 17:6라고 말하고 있다.

성경에 "두 해 동안 이같이 하니 아시아에 사는 자는 유대인이나 헬라인이나 다 주의 말씀을 듣더라"행 19:10고 기록될 만큼 하나님의 영광이 강력하게 나타났다. "아시아에 사는 자는 다 주의 말씀을 듣더라"고 했다. 불과 2년 만에 아시아에 사는 모든 사람들이 하나님의 말씀을 들었다고 한다. 아시아는 한 마을도, 도시도, 심지어 한 나라도 아니다. 그보다 더 광범위한 지역이다!

인공위성, 인터넷, 텔레비전, 라디오, 자동차, 자전거, 녹음테이프, 책, 비디오나 DVD도 없던 시절이었다. 그러나 성경은 이 초대 그리스도인들이 복음을 선포했을 때 모든 사람이 복음을 들었다고 말한다.

이전보다 일곱 배나 큰 영광

성령의 이른 비가 내리는 동안 사도행전의 교회가 얼마나 영광스러웠는지 희미하게나마 보았는가? 이제 다시 하나님의 질문으로 돌아가 보자. "초대 교회에 비하면 오늘날 교회는 어떤가?" 솔직히 말해 우리는 정말 아무것도 아니지 않은가?

오늘날의 교회를 어찌 사도행전의 영광스러운 교회와 비교할 수 있겠는가? '자원'은 더 많아졌지만, '근원'은 더 부족한 것 같다. 책이나 테이프, 텔레비전, 컴퓨터, 위성 기술을 반대하는 것이 아니다. 이들은 모두 훌륭한 자원이다. 하지만 근원으로부터 힘을 부여받지 못하면 아무 소용이 없을 것이다. 하나님이 우리의 모든 자원의 근원이시다.

하나님이 이런 질문을 하시는 것은 우리를 책망하시기 위함일까? 절대 그렇지 않다! 하나님은 단지 우리의 비전을 키워 주려고 도전하신다. 이렇게 우리의 필요를 보여 주심으로, 하나님은 자신이 예언하신 비전을 이루기 위한 길을 여시는 것이다.

> "이 성전의 나중 영광이 이전 영광보다 크리라 만군의 여호와의 말이니라" 학 2:9.

상상이 가는가? 하나님께서 사도행전에 나타난 것보다 더 큰 영광이 나타날 거라고 말씀하신다! 우리가 지금 하나님의 비전에 얼마나 못 미친 상태에 있는지 알겠는가?

사실은 몇 년 전에 기도하는 중에 하나님이 내게 말씀하셔서 아주 깜짝 놀란 적이 있다. "존, 앞으로 나타날 나의 영광은 사도행전에서 사람들이 경험한 것보다 일곱 배는 더 클 것이다!"

나는 그 즉시 소리쳤다. "하나님, 믿기지도 않고 이해할 수도 없습니다! 지금 저에게 말씀하시는 분이 하나님이시라는 것을 확인하기 위해 성경 말씀을 찾아봐야겠습니다."

나는 자주 이렇게 하는데, 하나님은 그것에 대해 한 번도 나를 책망하신 적이 없다. 성경은 "두세 증인의 입으로 말마다 확정하리라" 고후 13:1 고 했다. 성령은 기록되고 확정된 말씀과 모순되는 말씀을 하지 않으신다.

하나님은 바로 내 마음속에 성경 구절을 생각나게 하심으로 응답해 주셨다. 두세 구절이 아니라 몇 구절이나 말이다.

먼저 하나님은 이렇게 말씀하셨다. "존, 내가 성경에서 내 백성을 대적하여 일어나는 원수들을 패배시키겠다고 하지 않았느냐? '그들이 한 길로 너를 치러 들어왔으나 네 앞에서 일곱 길로 도망하리라' 신 28:7."

그리고 전도서의 구절을 인용하며 이렇게 말씀하셨다. "존, 성경에 '일의 끝이 시작보다 낫다' 전 7:8고 하지 않았냐? 교회 시대의 끝도 시작보다 훨씬 나을 것이다."

하나님은 나에게 다시 한 번 물으셨다. "존, 내가 가나안 혼인 잔치에서도 제일 좋은 포도주를 마지막을 위해 남겨 두지 않았느냐?" 요 2:1-11 참조 성경에서 포도주는 하나님의 실체적인 임재를 나타낸다.

나중에 하나님은 그 진리를 마음속에 굳게 못박아 주는 성경 구절을 보여 주셨다. 이사야 30장은 하나님의 백성들이 애굽의 세력(세상의 조직) 속에서 얼마나 스스로 강해지려고 애썼는지를 말해 준다. 그들은 세상이 좇는 우상들에게서 힘을 얻으려 했다.

그러므로 하나님은 그들을 정결케 하시기 위해 시련과 역경을 통과하게 하실 수밖에 없었다. 이 과정에서 그들은 우상을 버리고 그 마음을 온전히 하나님께 돌이켰을 것이다. 이렇게 되자 하나님이 말씀하셨다.

"네가 땅에 뿌린 종자에 주께서 비를 주사" 사 30:23.

이사야는 자연적인 비를 말하는 것이 아니라, 요엘과 베드로, 야고보가 말한 성령의 비를 말하는 것이다. 계속해서 이사야의 말을 들어 보자.

"여호와께서 자기 백성의 상처를 싸매시며 그들의 맞은 자리를 고치시는 날에는 달빛은 햇빛 같겠고 햇빛은 일곱 배가 되어 일곱 날의 빛과 같으리라" 사 30:26.

자연적인 햇빛은 비가 내릴 때 일곱 배 밝게 비추지 않는다. 하나님은 성경에 "공의로운 해" 말 4:2라고 언급된 하나님 아들의 영광을 묘사하고 계신 것이다. 예수님이 재림하시기 직전에 하나님의 영광은 일곱 배 더 크게 나타날 것이다.

하나님의 영광의 늦은 비는 하나님의 백성들뿐 아니라 그들 주변에 있는 사람들 마음까지 새롭게 해줄 것이다. 나는 하나님이 역사하심으로 매일 밤 수천 명이 참석하는 큰 집회들을 보았다. 그런데 성도들, 배교자들, 죄인들이 다 참석해도 의외로 이 집회들이 주변 도시에 아무 영향을 미치지 못하는 경우도 종종 있었다. 나는 운전을 하고 예배를 드리러 가면서, 언제쯤이면 온 도시에 영향을 미치게 될까 생각했다. 우리 집회들은 너무도 훌륭하지만, 나는 여전히 늦은 비를 기다리고 있다.

늦은 비는 과거에 있었던 부흥들과 다르다. 과거의 부흥은 한 도시 또는 아주사나 웨일즈 같은 한 지방에만 영향을 미쳤다. 물론 여러 나라에 영향을 미치기도 했지만, 그 부흥에 참여하려면 반드시 그곳으로 가야 했다. 하지만 사도행전에서는 제자들이 가는 곳마다 하나님의 영광이 나타났다. 알려진 모든 세계에 하나님의 영광이 부어졌다. 장차 올 늦은 비는 훨씬 더 많이 온 세계에 쏟아질 것이다!

나는 흥분된 마음으로 이렇게 선언한다. 우리가 있었던 곳과 지금 있는 곳은 앞으로 가게 될 곳과 다르다! 우리는 눈을 들어 멀리 바라보며 다가올 하나님의 영광을 기다려야 한다!

THE FEAR OF THE LORD

하나님의 영광이 다시 임할때

회복된 하나님의 영광이
그분을 맞이할 마음이 준비된 자들 위에 임할 것이다.
하나님이 정결케 하실 때 저항하지 말고,
하나님 알아가기를 게을리하지 말라.

> 그러나 진실로 내가 살아 있는 것과 여호와의 영광이
> 온 세계에 충만할 것을 두고 맹세하노니 민 14:21.

우리는 하나님의 영광의 늦은 비를 향해 빠른 속도로 나아가고 있다. 오늘날의 교회와 오순절 전의 교회는 큰 차이가 있을 것이다. 사도행전에서 하나님은 갑자기 극적으로 성령을 부어 주셨는데, 그 후 몇 년이 지나자 점차 수그러들었다. 나는 늦은 비가 빠른 회복과 부흥을 의미한다는 것을 성경이 보여 준다고 믿는다. 첫 번째 비가 갑자기 내렸다면, 늦은 비가 내릴 때는 빠른 회복이 있을 것이다.

모세와 다윗 왕 사이의 기간으로 돌아가 보자. 모세는 하나님의 질서를 보여 주는 성막을 지었다. 그러자 하나님의 영광이 아주 강력하고 극적으로 나타났다. 그것은 갑작스럽고 무시무시했다. 모세가 일을 마치자마자 성막은 하나님의 영광의 짙은 구름 속에 파묻혔다.

그런데 이 영광은 결국 하나님을 향한 죄와 무관심 때문에 점

차 약해졌다. 마침내 이스라엘이 엘리의 리더십 아래에서 최악의 상태에 이를 때까지, 계속해서 하나님의 영광은 점차 희미해져 갔다. 하나님의 등불은 거의 꺼져 갔고, 그의 영광이 떠났다.

엘리와 그의 아들들이 죽던 날, 블레셋 사람들이 하나님의 궤를 빼앗아 갔다. 그들의 신, 다곤이 있는 아스돗이라는 도시로 그 궤를 가져갔다. 하지만 하나님의 손이 다곤을 치셨다. 다곤 상이 하나님의 궤 앞에서 쓰러져 머리와 손이 부러진 것이다. 블레셋 사람들은 그 궤를 다섯 개 도시로 옮겼다. 궤를 가져가는 곳마다 블레셋 사람들이 독한 종기가 나고 죽었기 때문이다. 도시가 얼마나 황폐되었는지, 다섯 번째 도시에서는 성읍의 부르짖음이 하늘에 사무쳤다고 했다(삼상 5장 참조).

마침내 일곱 달 후, 블레셋 지도자들이 제사장들과 복술자들을 한데 불러 모아, 그 궤를 어떻게 이스라엘로 돌려보낼지 결정하려 했다. 그들은 속건제로 금독종 다섯과 금쥐 다섯 마리를 드림으로 이스라엘의 하나님을 공경하려 했다. 이 제물은 그들의 다섯 개 도시와 방백들을 나타내는 것이었다. 그들은 하나님이 그들로부터 징계의 손을 거두시기를 기도했다. 이 금으로 만든 물건들을 상자에 담은 다음, 새 수레에 실은 궤 옆에 두었다.

그 수레는 막 새끼 송아지를 낳은 두 마리의 소들이 끌게 하고, 송아지들은 우리로 돌려보냈다. 블레셋 사람들은 이렇게 생각했다. '만일 소들이 새끼 송아지의 울음소리를 듣고도 이 수레를 끌고 그 지역으로 들어가면, 우리를 치신 이는 하나님이실 것이다.' 소들은 궤를 이끌고 곧바로 이스라엘 땅으로 들어갔다. 그 후 20년 동안 그 궤는 기럇여아림이라는 도시에 있는 아비나답의 집에 안전하게 보관되었다. 그런데 이스라엘의 최초의 왕, 사울이 하나님의 궤를 이스라엘로 가져오려고 애쓰지 않았다는 것은 참 흥미로운 일이다.

하나님의 영광이 이스라엘로 돌아오다

사울 왕의 통치가 끝난 후 다윗이 왕위에 올랐다. 다윗은 하나님을 찾았고, 이스라엘에 하나님의 영광이 돌아오기를 갈망했다. 그러나 이 영광은 모세 때와 같은 방식으로 나타나지 않았다. 즉 갑작스럽고 강력한 것이 아니라, 천천히 회복되는 과정으로 나타났다.

이 회복 과정은 몇 년 전 사무엘 선지자로부터 시작되었다. 하나님은 사무엘에게 백성들을 하나님의 마음으로 돌아오게 함으로 길을 예비하라고 명하셨다. 그의 메시지는 모든 참된 예언자들의 마음을 나타냈다.

> "사무엘이 이스라엘 온 족속에게 말하여 이르되 만일 너희가 전심으로 여호와께 돌아오려거든 이방 신들과 아스다롯을 너희 중에서 제거하고 너희 마음을 여호와께로 향하여 그만을 섬기라 그리하면 너희를 블레셋 사람의 손에서 건져내시리라" 삼상 7:3.

왕위에 오른 다윗은 블레셋을 물리치고 예루살렘을 점령했다. 그러고 난 후 궤를 원래 있던 곳으로 다시 가져오고 싶어했다. "다윗이 천부장과 백부장 곧 모든 지휘관과 더불어 의논하고"대상 13:1. 그들은 이 일을 위해 온 이스라엘 백성들을 불러 의논했다. "뭇 백성의 눈이 이 일을 좋게 여기므로 온 회중이 그대로 행하겠다 한지라"4절. 그들이 그 다음에 한 일을 주의해서 읽어 보라.

"그들이 하나님의 궤를 새 수레에 싣고 산에 있는 아비나답의 집에서 나오는데"삼하 6:3.

궤를 '새 수레'에 실어 예루살렘으로 가져오겠다는 발상은 어디서 나왔을까? 이것은 블레셋 사람들이 궤를 이스라엘로 돌려보낼 때 했던 방식과 똑같지 않은가? 아효와 웃사가 수레를 몰고 궤를 아비나답의 집에서 가지고 왔다. "다윗과 이스라엘 온 족속은 잣나무로 만든 여러 가지 악기와 수금과 비파와 소고와 양금과 제금으로 여호와 앞에서 연주하더라"5절. 역대상 13장 8절은 그들이 힘을 다해 이 일을 했다고 말한다! 그러나 무슨 일이 일어났는가?

"그들이 나곤의 타작 마당에 이르러서는 소들이 뛰므로 웃사가 손을 들어 하나님의 궤를 붙들었더니 여호와 하나님이 웃사가 잘못함으로 말미암아 진노하사 그를 그 곳에서 치시니 그가 거기 하나님의 궤 곁에서 죽으니라"삼하 6:6-7.

뉴킹제임스 성경에는 '잘못함'^{error}이라는 단어에 관주 기호가 있다. 관주를 찾아보니, '불경함'^{irreverence}이라는 단어가 있었다. 그러므로 달리 번역하면, "하나님이 웃사의 불경함 때문에 진노하사 그를 치셨다"라고 할 수 있다!

불과 한 세대 전에 엘리의 두 아들이 궤가 있는 성막 문 앞에서 간음죄를 범했었다. 그들의 불경함에 비하면, 단지 하나님의 궤를 안전하게 붙잡으려고 손을 내밀었던 이 사람의 잘못은 아무것도 아니었다. 부도덕한 제사장들도 잘못된 행위에 대해 즉시 심판을 받지 않았는데 웃사는 그 자리에서 죽었다. 왜 그런 일이 일어났을까? 엘리의 아들들의 경우엔 영광이 떠난 상태였다. 그러나 웃사의 경우에는 하나님의 영광이 돌아오고 있었다. 하나님의 영광이 강하게 나타날수록 불경함에 대한 그분의 심판도 더 신속하고 엄격해진다.

하나님의 방식대로 경외하라

다윗과 지도자들, 그리고 이스라엘 백성들에게 열정이 부족한 것은 아니었다. 그들은 궤를 이스라엘로 다시 가져오기 위해 많은 준비를 했다. 그리고 일단 궤가 다시 이스라엘 손에 들어오자, 백성들은 힘을 다해 음악을 연주했다. 그들은 궤를 새 수레에 실어 나름으로써 하나님을 공경하고 있다고 생각했다. 다윗은 수레를 몰 두 사람을 지명했다. 그러니 하나님이 그중 한 사람을 치셨을 때 다윗이 얼마나 충격을 받았을지 짐작이 간다.

> "여호와께서 웃사를 치시므로 다윗이 분하여 그 곳을 베레스웃사라 부르니 그 이름이 오늘까지 이르니라 다윗이 그 날에 여호와를 두려워하여 이르되 여호와의 궤가 어찌 내게로 오리요 하고" 삼하 6:8-9.

다윗의 충격은 곧 분노로 변했다. 다윗은 이렇게 물었을 것이다. '왜 하나님이 이렇게 하신 걸까? 왜 우리의 열정을 몰라 주시고 그런 심판을 내리신 걸까?' 그리고 이렇게 생각했을 것이다. '나는 하나님을 높이기 위해 내가 알고 있는 일을 다 했는데, 나의 최선을 받아 주지 않으셨어!' 많은 생각 끝에, 그의 분노는 다시 두려움으로 바뀌었다. 그는 하나님을 두려워하게 되었다.

이것은 하나님을 경외하는 것과 다르다. 두려워하는 사람들은 하나님을 멀리하지만, 경외하는 사람들은 하나님을 향해 가까이 나아간다. 이 문제는 뒤에서 다시 이야기하겠다. 다윗은 이런 의문이 생겼을 것이다. '나의 최선이 하나님께서 받으실 수 없는 것이었다면, 도대체 어떻게 해야 하나님의 궤를 다시 가져올 수 있을까?'

다윗은 하나님께 화가 났지만, 심판의 원인은 다윗과 그의 지도자들에게 지식이 부족했기 때문이었다.

모세의 말을 들어 보자.

> "이는 곧 너희의 하나님 여호와께서 너희에게 가르치라고 명하신 명령

과 규례와 법도라 너희가 건너가서 차지할 땅에서 행할 것이니 곧 너와 네 아들과 네 손자들이 평생에 네 하나님 여호와를 경외하며 내가 너희에게 명한 그 모든 규례와 명령을 지키게 하기 위한 것이며 또 네 날을 장구하게 하기 위한 것이라" 신 6:1-2.

모세는 하나님의 명령을 분명히 전달했다. 하나님을 경외하려면, 다른 무엇보다도 하나님의 도를 알고 순종해야 하기 때문이다. 이스라엘 자손들을 향한 이 명령뿐 아니라, 하나님이 왕에게 주신 특별한 명령들도 있었다.

"그가 왕위에 오르거든 이 율법서의 등사본을 레위 사람 제사장 앞에서 책에 기록하여 평생에 자기 옆에 두고 읽어 그의 하나님 여호와 경외하기를 배우며 이 율법의 모든 말과 이 규례를 지켜 행할 것이라" 신 17:18-19.

왕은 매일 하나님의 말씀을 읽어야 했다. 왜 그래야 했을까? 하나님의 지혜와 영광이 왕의 마음속에 확고히 자리 잡아야 인간의 생각보다 하나님의 길을 더 중시할 것이기 때문이다. 하나님의 말씀을 제대로 이해했다면 다윗과 그의 지도자들의 잘못은 피할 수도 있는 것이었다.

다윗과 신하들은 함께 모여 궤를 가져올 방법에 대해 의논했다. 그들이 모세로부터 전해 내려온 기록된 하나님의 말씀을 참고 했다는 언급은 없다. 만일 다윗과 제사장들이 하나님의 말씀을 읽었다면, 하나님의 궤는 레위인만 지고 갈 수 있다는 것, 수레에 실어 나르는 것이 아니라 채에 걸어서 어깨에 메고 가야 한다는 것을 알았을 것이다출 25:14, 민 4:15, 7:9.

이런 지식이 부족했기 때문에 이스라엘 백성이 이방인 또는 세상의 방식을 모방한 것이다. 블레셋 사람들은 궤를 수레에 실어 돌려보낼 때 무지해서 그랬다 치지만, 이스라엘 백성들은 하나님의 계시를 맡은 자들로서 책임이 있었다.

그들이 하나님의 말씀을 통해 조언을 구하지 않았기 때문에, 결국 하나님의 영광의 형상이 다시 썩어질 인간의 인식 수준으로 떨어진 것이다. 이것이 이스라엘 백성들이 하나님을 모르는 자들과 똑같은 방법으로 하나님을 공경하려 한 결과다. 그들은 하나님으로부터 영감을 받는 대신 다른 사람들을 모방했다. 그들에게 비록 열정은 있었지만, 하나님은 그들의 방식을 불경한 것으로 여기셨다.

나는 하나님에 대해 실망하거나 분노가 치밀 때마다, 그것은 나의 지식이나 이해가 부족하기 때문이라고 생각했다. 하나님의 길은 언제나 완벽하기 때문이다. 그러나 나는 개인적으로, 아무리 큰 열정이 있어도 지식이 부족할 수 있다는 것을 알게 되었다. 열심과 열정이 지혜와 지식으로 조절되지 않으면 늘 문제가 생긴다. 이와 더불어, 하나님을 알려고 노력하는 것이 나의 책임이라는 것도 알게 되었다잠 2:1-5 참조.

세상 방식으로 하나님을 섬기지 말라

오늘 우리도 똑같은 잘못을 범하고 있다. 때로 우리는 사람들과 의논하여 사역에 대한 아이디어를 얻는다. 알게 모르게 세상의 풍조에 영향을 받아 의견을 모으고, 우리의 한정된 지혜의 우물에서 물을 길어 올렸다. 이런 풍조는 바로 우리 눈앞에 있고, 하나님이 자신의 뜻을 계시해 주실 때까지 기다리는 것보다는 훨씬 접근하기 쉬운 방식이다. 새롭고 신선한 아이디어들이 많이 등장하지만, 우리의 영감이 어디서 나오는지 항상 알아야 한다. 우리는 하나님에 대한 지식 대신, 거듭나지 않은 사람으로부터 얻은 동기 부여 기술을 택했다.

성경에서 보았듯이, 음악은 하나님의 임재를 위한 분위기를 조성하는 데 아주 중요한 역할을 한다. 음악은 사람의 마음을 열고 준비시키는 힘이 있다. 몇 년 전부터 "CCM(contemporary Christian music)"이라 불리는 음악들 가운데 세상의 사탄 음악으로부터 영감을 받은 음악들이 많이 나왔다. 세상이 하드록을 부르면 교회도 따라한다! 랩이 세상의 관심을 사로잡으면 기독교 예술가들도 그것을 모방한다. 물론 가사는 다르지만 비트나 표현 방식은 똑같다.

어떤 사람은 이렇게 주장한다. "하지만 우리는 잃어버린 자들에게 다가가기 위해 음악을 사용하고 있는 겁니다. 그러니 죄인들의 마음을 움직일 수 있는 음악을 만들어야 합니다." 몇몇 경우엔 맞는 말일 수 있다. 그러나 청년들이 세상의 자극을 지나치게 받을 때 그들에게 가장 필요한 분, 하나님을 멸시하는 경향이 있다는 것을 알아야 한다.

감사하게도 오늘날 교회에서 받아들여질 뿐 아니라 세상에도 영향을 미치고 있는 아름답고 진실한 예배가 담긴 기독교 음악이 있다. 세상의 방법들과 타협하지 않으면서, 진실한 예배 음악으로 우리를 하나님의 마음으로 가까이 가게 해줄 젊고 경건한 기독교 예술가들을 하나님께서 계속 일으켜 주시기를 바란다.

어떤 교회들은 세상과 똑같은 방식으로 사람들의 관심을 끌려고 시도한다. 이런 관행으로부터, 소위 '구도자를 위한' 또는 '구도자에게 민감한' 교회들이 많이 탄생했다. 그러나 나는 이런 교회들 중 몇 군데서 설교해 본 결과, 종종 '구도자에게 민감한 교회'가 '하나님께 둔감한 교회'가 될 수 있다는 것을 알았다. 이런 교회들이 많은 사람들을 끌어모을지는 모르겠지만, 과연 그것이 하나님의 마음을 상하게 하는 것을 감수할 만큼 가치 있는 일일까?

나는 교인들을 즐겁게 해주기 위해 연간 수천 달러를 사용하는 교회들에서도 설교를 했었다. 그 교회 청년들은 핀볼 게임, 에어 하키, 심지어 닌텐도 게임까지 즐긴다. 교회 지도자들은 왜 청년부 안에서 하나님의 역사하심이 나타나지 않는지 궁금해하고, 십대들의 임신율이 높아지는 것에 당황한다. 출석 교인 수는 많아지고 있지만, 청년들의 삶 속에 나타나야 할 성령의 열매는 어디 있는가?

우리 사회의 많은 사람들은 자기들과 의견이 같을 때만 권위를 존중한다. 어떤 자동차 범퍼 스티커에는 이런 문구가 적혀 있다. "권위에 의문을 제기하라!" 이것은 세상의 사고방식을 나타내는 말인데, 문제는 이런 사고방식을 받아들이는 교회들이 있다는 것이다. 어쩌면 하나님 나라가 민주주의로 바뀌었다고 생각하는 사람이 있는지도 모르겠다! 이런 태도가 위임된 권위를 넘어서 확대될까 봐 염려된다. 그러면 사람들이 그와 똑같은 냉담한 태도로 하나님을 공경할 것이기 때문이다. 즉 하나님이 그들의 삶 속에서 하시는 일이 마음에 들면 하나님을 찬양하고, 그렇지 않으면 불평할 것이다.

예를 들자면 끝도 없다. 중요한 것은, 우리가 주님을 섬기는 많은 방법들이 세상의 영향을 받고 있다는 것이다. 우리는 결국 무엇을 할 것인가? 어떤 방법들을 택할 것인가?

우리가 추구해야 하는 것

하나님께 그분의 영광을 회복시켜 달라고 부르짖는 사람들이 많이 있다. 그들은 늦은 비를 내려달라고 기도하고 있다슥 10:1. 하나님의 정결케 하시는 과정에 복종하며, 시련을 겪을 때도 불평하지 않는다. 영적으로 광야를 지날 때도 투덜거리지 않는다. 하나님은 그분을 갈망하는 자들에게서 영광을 거두어 가지 않으시므로 그들은 곧 기뻐하게 될 것이다.

이 사람들은 편안함과 성공을 추구하는 사람들과 정반대다. 그 중간에 있는 사람들도 있다. 즉 다윗처럼 하나님의 임재를 추구하는 열정은 있으나 지식이 부족한 사람들이다. 그들은 자기 방식대로, 자기의 지혜에 의존하여 하나님을 따른다. 그러나 자신들이 갈망하는 하나님의 영광과 거룩함이 어떤 것인지는 아직도 깨닫지 못했다. 그러므로 우리를 책망과 교훈으로 바르게 하여 거룩함으로 인도하는 성경 말씀을 경시해서는 안 된다. 호세아의 말을 들어 보자.

"오라 우리가 여호와께로 돌아가자 여호와께서 우리를 찢으셨으나 도로 낫게 하실 것이요 우리를 치셨으나 싸매어 주실 것임이라 여호와께서 이틀 후에 우리를 살리시며 셋째 날에 우리를 일으키시리니 우리가 그의 앞에서 살리라" 호 6:1-2.

이 말씀은 하나님께서 그의 영광을 맞이할 교회를 준비시키시며 정화하시는 것을 묘사한 예언적 말씀이다. 그가 우리를 찢으셨으나 도로 낫게 하실 것이다. 주께는 하루가 우리의 천년 같다고 했다 벧후 3:8. 그러니까 주님이 부활하신 후 만 이틀(2천 년)이 지난 것이다. 우리는 하나님이 그의 성전에 그의 영광을 소생시키고 회복시키시기 직전의 시기에 살고 있다. 셋째 날은 주님이 우리 앞에서 살아서 다스리실 천 년의 통치 기간을 말한다. 호세아는 계속해서 하나님의 영광을 맞을 준비를 하는 우리가 어떻게 살고 무엇을 추구해야 하는지 가르쳐 준다.

"그러므로 우리가 여호와를 알자 힘써 여호와를 알자 그의 나타나심은 새벽 빛 같이 어김없나니 비와 같이, 땅을 적시는 늦은 비와 같이 우리에게 임하시리라"호 6:3.

호세아는 주님의 영광스러운 나타나심이 아침에 태양이 뜨는 것처럼 확실한 일이라고 확신시켜 준다. 우리가 준비되었든 안 되었든, 정해진 때가 있다. 그러므로 우리는 여호와를 아는 일에 힘써야 한다. 다윗과 그의 신하들은 하나님의 임재를 갈망하였으나 하나님에 대한 지식이 부족했다. 그런 지식만 있었어도 웃사가 즉사하는 일은 막을 수 있었을 것이다. 오늘날도 다르지 않다. 다음은 우리를 향한 권고의 말씀이다.

"내 아들아 네가 만일 나의 말을 받으며 나의 계명을 네게 간직하며 네 귀를 지혜에 기울이며 네 마음을 명철에 두며 지식을 불러 구하며 명철을 얻으려고 소리를 높이며 은을 구하는 것같이 그것을 구하며 감추어진 보배를 찾는 것같이 그것을 찾으면 여호와 경외하기를 깨달으며 하나님을 알게 되리니"잠 2:1-5.

생명으로 가는 길이 분명히 밝혀졌다. 어떤 사람이 당신의 집 어딘가에 수억 원이 감춰져 있다고 말한다면, 당신은 그 숨겨진 재산을 찾을 때까지 쉬지 않고 집안을 샅샅이 뒤질 것이다. 카페트를 걷어내고, 벽지도 뜯어내고, 심지어 집을 헐어 버릴 수도 있다. 그 큰 돈을 찾기 위해서라면 뭔들 못하겠는가. 그런데 그보다 훨씬 더 귀중한 생명의 말씀은 어떻게 대하고 있는가!

우리가 세상으로부터 영감을 받을 때는 사람들의 말과 지혜를 의지한다. 사람들의 명령이나 지시를 따라 하나님에 대한 공경심을 가르칠 뿐이다. 그러나 하나님을 알려고 힘쓰지 않으면, 우리도 역시 웃사와 같은 상황에 처할 것이다. 즉 마음에 선한 의도가 가득하나 하나님의 영광을 해치게 되는 것이다.

나중에 하나님의 영광이 더 크게 나타나면, 아나니아와 삽비라 사건과 비슷한 일들이 일어나고 있다는 소식들이 들려올 것이다. 이것은 하나님이 바라시는 것도 아니고, 그분의 영광을 회복하기 위한 것도 아니다. 그런 심판은 단지 하나님의 크신 영광을 마땅히 공경하고 높이지 않았을 때 오는 결과일 뿐이다. 다시 말하지만, 영광이 많이 나타날수록 심판도 그와 비례해서 임할 것이다.

하나님을 아는 지식을 계속 간직하기

다시 야고보서를 보면, 똑같은 경고가 나온다.

> "그러므로 형제들아 주께서 강림하시기까지 길이 참으라 보라 농부가 땅에서 나는 귀한 열매를 바라고 길이 참아 이른 비와 늦은 비를 기다리나니 너희도 길이 참고 마음을 굳건하게 하라 주의 강림이 가까우니라"약 5:7-8.

길이 참으라는 야고보의 말에 주의하라. 헬라어로는 "참고 견디며 낙심하지 말라"는 뜻이다. 그 다음에 야고보는 "마음을 굳건하게 하라"고 말한다. 다른 말로 하면, "너희 마음을 거룩하게 정돈하고 그 상태를 유지하라"는 것이다. 그렇지 않으면 하나님의 심판을 받게 될 것이다. 바울과 베드로 둘 다 우리에게 마음을 굳건히 하는 법을 가르쳐 준다.

> "그러므로 너희가 그리스도 예수를 주로 받았으니 그 안에서 행하되 그 안에 뿌리를 박으며 세움을 받아 교훈을 받은 대로 믿음에 굳게 서서 감사함을 넘치게 하라" 골 2:6-7.

우리는 예수님의 주권에 복종하여 굳건히 설 때, 성경 말씀 속에서 성령님이 가르쳐 주신 것을 굳게 붙잡을 수 있다. 베드로는 이것을 반복해서 단언한다. "그러므로 너희가 이것을 알고 이미 있는 진리에 서 있으나 내가 항상 너희에게 생각나게 하려 하노라" 벧후 1:12.

베드로는 진리에 서 있는 것이 얼마나 중요한지 알았기 때문에 "항상 너희에게 생각나게 하려 한다"고 말했다. 그는 베드로는 자신의 개인적인 경험을 통해, 진리에서 벗어나기가 얼마나 쉬운지 알고 있었다. 예수님이 누구신지에 대한 계시를 받은 제자로서, 그 놀라운 계시를 받은 지 불과 몇 개월 만에 메시아를 모른다고 했던 베드로가 아닌가. 그러니 진리에서 떠내려가는 것이 어떤 것인지 누구보다도 잘 알았을 것이다.

하나님을 알려고 힘쓰는 것만으로는 부족하다. 하나님을 아는 지식을 계속 간직하려면 그것을 삶으로 실천해야 한다. 우리는 하나님이 과거에 행하신 일에만 의존한 채, 현재의 하나님을 경험하지 못하고 살아갈 때가 너무 많다. 성경 구절을 인용하고 좋은 이야기를 나누지만, 본질적으로 하나님의 행하심에 대한 갈급함이 부족한 것이다.

우리는 다시 첫 사랑의 교훈으로 돌아가야 한다. 처음 주님을 만났을 땐 큰 기대에 부풀어 성경을 읽고 설교 말씀을 들었을 것이다. 우리가 사랑하는 주님을 더 많이 알게 되기를 갈망했을 것이다. 그러나 허무할 정도로 빨리 이런 태도에 빠져들기 시작했다. "이 목사가 무엇을 가지고 있는지 보자." 그 안에 숨은 우리의 동기는 "다 알고 있는 내용이야"라든가 "전부 다 전에 들은 내용이야!"라는 말로 우리의 냉담함을 정당화하면서 그 설교에 담긴 진리를 그냥 흘려보내려는 것이다.

이런 태도의 다른 특징은 하나님의 역사를 경험하고 하나님의 마음을 더 깊이 알려고 하는 대신, 우리가 원하는 것을 얻기 위해 말씀을 듣거나 읽는 것이다. 그런 우리를 향한 경고의 말씀이 있다.

"그러므로 우리는 들은 것에 더욱 유념함으로 우리가 흘러 떠내려가지 않도록 함이 마땅하니라" 히 2:1.

오늘날 교회에서 많은 이들이 하나님을 아는 지식에 굳건히 서지 못했기 때문에 흘러 떠내려가고 있다. 그들은 하나님을 알고자 하는 열망을 잃어버렸다. 사도들과 선지자들은 이것을 예견하고, 우리에게 마지막에 기쁨을 누리려면 마음을 굳건히 해야 한다고 부지런히 경고한 것이다.

마음이 정돈되어 있지 않을 때 무슨 일이 일어날까 생각하면 두렵다. 많은 이들이 하나님의 영광의 축복을 놓치게 될 것이며, 어떤 이들은 심판에 처해질 것이다!

하나님의 임재 안에 거하려면

웃사에게 일어난 일을 본 다윗은 예루살렘으로 돌아가 부지런히 하나님을 알려고 힘썼다. 세 달 후, 다윗은 이렇게 선포했다.

> "다윗이 이르되 레위 사람 외에는 하나님의 궤를 멜 수 없나니 이는 여호와께서 그들을 택하사 여호와의 궤를 메고 영원히 그를 섬기게 하셨음이라 하고" 대상 15:2.

이번에는 사람들을 모아 의논하지 않았다. 다윗은 그 문제에 대한 하나님의 뜻을 알게 되자, 담대히 실행에 옮겼다. 일단 이스라엘 백성들을 불러 모은 후, 아론의 후손들과 레위인들을 분리시켰다. 그리고 이 제사장들에게 이렇게 말했다.

"그들에게 이르되 너희는 레위 사람의 지도자이니 너희와 너희 형제는 몸을 성결하게 하고 내가 마련한 곳으로 이스라엘의 하나님 여호와의 궤를 메어 올리라 전에는 너희가 메지 아니하였으므로 우리 하나님 여호와께서 우리를 찢으셨으니 이는 우리가 규례대로 그에게 구하지 아니하였음이라 하니"대상 15:12-13.

제사장들이 할 일은 몸을 성결케 하여 하나님의 임재를 나타내는 궤를 메기에 합당한 외적 형태를 갖추는 것이었다. 이번에는 궤를 예루살렘으로 가져가 미리 준비된 다윗의 장막 안에 들이자, 하나님의 영광이 다시 이스라엘에게 돌아왔다. 우리가 하나님의 임재를 누리기 위해 정돈해야 할 곳은 바로 마음속 깊은 곳이다. 하나님이 한 번도 보여 주신 적이 없는 그의 영광을 이 땅에 나타내실 것이니, 우리는 마음속으로 준비하고 있어야 한다. 하나님은 이렇게 말씀하신다.

"그러나 진실로 내가 살아 있는 것과 여호와의 영광이 온 세계에 충만할 것을 두고 맹세하노니"민 14:21.

하나님이 이 말씀을 하실 때는 백성들이 하나님을 믿지 않고 순종하지 않아서 가슴 아파하고 계셨다. 그러므로 이 말씀의 의미는 앞으로 하나님의 백성들이 하나님을 두려워하여 무조건적으로 복종하게 될 날이 올 것이라는 뜻이다. 그들은 하나님의 영광을 지닌 성전이 될 것이므로 그분의 영광을 나타낼 것이다. 후에 하나님은 이사야 선지자를 통해 이렇게 말씀하셨다.

"일어나라 빛을 발하라 이는 네 빛이 이르렀고 여호와의 영광이 네 위에 임하였음이니라 보라 어둠이 땅을 덮을 것이며 캄캄함이 만민을 가리려니와 오직 여호와께서 네 위에 임하실 것이며 그의 영광이 네 위에 나타나리니 나라들은 네 빛으로, 왕들은 비치는 네 광명으로 나아오리라"사 60:1-3.

"여호와의 영광이 네 위에 임하였음이니라"는 이사야의 말에 주목하라. 그러나 우리는 또한 영광이 늦은 비로 묘사된 말씀을 들었다. 기도 중에 하나님이 내게 말씀하실 때는 늦은 비를 노아의 홍수에 비유하셨다. 성경에는 "그날에 큰 깊음의 샘들이 터지며 하늘의 창문들이 열렸다"창 7:11고 했다. 회복된 하나님의 영광이 그분을 맞이할 마음이 준비된 자들 위에 임할 것이다. 이 세상 어떤 곳도 성령의 늦은 비의 영향을 받지 않을 곳이 없을 것이다.

하나님은 그의 영광이 백성들에게 다시 임할 것이며, 믿지 않는 자들도 그의 빛으로 이끌려 올 것이라고 말씀하신다. 아모스의 말을 들어 보자.

"그 날에 내가 다윗의 무너진 장막을 일으키고 그것들의 틈을 막으며 그 허물어진 것을 일으켜서 옛적과 같이 세우고"암 9:11.

하나님의 영광이 교회에 회복될 것인데 그 영광은 다윗의 때에 나타났던 영광보다 훨씬 더 클 것이라고 한다. 야고보 사도는 이 성경구절을 교회 지도자들에게 인용하면서, 그 말씀을 마지막 때에 적용했다.

"하나님이 처음으로 이방인 중에서 자기 이름을 위할 백성을 취하시려고 그들을 돌보신 것을 시므온이 말하였으니 선지자들의 말씀이 이와 일치하도다 기록된 바 이 후에 내가 돌아와서 다윗의 무너진 장막을 다시 지으며 또 그 허물어진 것을 다시 지어 일으키리니 이는 그 남은 사람들과 내 이름으로 일컬음을 받는 모든 이방인들로 주를 찾게 하려 함이라 하셨으니 즉 예로부터 이것을 알게 하시는 주의 말씀이라 함과 같으니라" 행 15:14-18.

성령의 인도를 받아, 야고보는 하나님의 영광이 회복될 때에 하나님 나라에 들어올 믿는 자들이 크게 늘어나리라는 것을 알았다. 그는 아모스의 메시지를 전부 인용하지 않고 특별히 우리 시대에 적용되는 부분만 인용하며 예언했다. 이제 아모스의 메시지가 어떻게 완성되는지 보자.

"여호와의 말씀이니라 보라 날이 이를지라 그 때에 파종하는 자가 곡식 추수하는 자의 뒤를 이으며 포도를 밟는 자가 씨 뿌리는 자의 뒤를 이으며 산들은 단 포도주를 흘리며 작은 산들은 녹으리라" 암 9:13.

하나님은 추수하는 자가 할 일이 너무 많아, 파종하는 자가 새로 농사를 짓기 위해 밭을 갈러 오기 전까지 일을 마치지 못할 정도로 수확이 풍성할 것이라고 말씀하신다. 즉 추수하는 속도보다 곡식이 자라는 속도가 더 빠를 것이라는 뜻이다.

간단히 말하면, 하나님은 추수할 것이 너무 많아 감당할 수 없는 상태를 묘사하시는 것이다. 이 날이 속히 다가오고 있으니 주의하라. 이제 시간은 얼마 남지 않았다. 하나님이 정결케 하실 때 저항하지 말고, 하나님 알아가기를 게을리하지 말라.

나는 이 책을 쓰면서 그것의 중요성과 타이밍을 깨닫게 되었다. 교회를 향한 성령의 외침을 들으라. 그 메시지는 이것이다. "하나님의 백성이 하나님의 영광을 맞이하도록 준비시킴으로 주의 길을 예비하라!" 하나님이 그의 영광을 회복하실 때 우리는 지혜로워야 한다. 다윗과 그의 신하들에게서 배우자. 이 사건들은 단순히 역사적 사건을 알리기 위해 기록된 것이 아니다. "무엇이든지 전에 기록된 바는 우리의 교훈을 위하여 기록된 것이니"롬 15:4라는 말씀을 명심하라.

지금까지는 시대를 이해하기 위한 기초를 쌓았다. 이제 다음 장부터는 우리가 하나님을 경외하는 삶을 배우는 것이 왜 중요한지 살펴볼 것이다.

THE FEAR OF THE LORD

마땅히 두려워할 자를 두려워하라

하나님을 경외하는 사람은 그분의 말씀과 임재 앞에서 떤다.
이것은 하나님의 말씀에 순종하지 않거나
타협하는 것이 더 유리해 보이는 상황에서
기꺼이 주님께 순종한다는 뜻이다.

> 다만 그들이 항상 이 같은 마음을 품어 나를 경외하며
> 내 모든 명령을 지켜서 그들과 그 자손이
> 영원히 복 받기를 원하노라 신 5:29.

우리는 바울이 고린도 교회에 보낸 첫 번째 편지를 기초로 한 메시지를 자주 듣는다. 이 고린도전서는 특히 성령 충만한 모임에서 자주 언급하는 책이다. 고린도 교회는 오순절 사건 후 여러 해가 지난 뒤인 A.D. 51년경에 세워졌고 영적 은사에 대해 열려 있었기 때문에 많은 은혜를 받았다. 오늘날의 몇몇 교회들처럼, 교인들 안에서 성령의 기름 부음이 강하게 나타났다.

그런데 바울이 고린도 교회에 보낸 두 번째 편지인 고린도후서는 고린도전서만큼 자주 인용되지 않는다. 고린도후서는 하나님의 질서, 하나님을 경외하는 마음, 계속해서 일어나는 하나님의 영광의 회복을 더 많이 강조하고 있기 때문이다.

문맥을 잘 살펴보면, 이 편지는 오늘날의 신자들을 위한 강하고 흥미진진한 메시지를 담고 있다. 고린도후서는 기름 부음에 대

해 잘 알던 사람들, 그리고 영적 은사를 자주 체험했던 사람들을 향해 쓰여졌다는 사실을 명심하라.

우리 안에 나타나는 그분의 영광

고린도전·후서에서 바울은 이스라엘 백성이 애굽에서 탈출한 이야기와 광야에서 하나님의 영광이 그들에게 나타났던 이야기를 자주 언급했다. 사실, 이스라엘 백성에게 일어난 모든 일은 우리가 영적 세계에서 경험하게 될 일들의 상징이요 그림자다. 바울은 이 사실을 강조한다.

"그들에게 일어난 이런 일은 본보기가 되고 또한 말세를 만난 우리를 깨우치기 위하여 기록되었느니라" 고전 10:11.

바울은 고린도전서에서 하나님의 백성들이 갖추어야 할 거룩한 마음 자세의 근본적인 요소들을 다루었다. 그리고 고린도후서에서는 그보다 더 깊이 들어간다. 즉 자신의 영광을 나타내고 백성들의 마음속에 거하고자 하시는 하나님의 갈망에 대해 말하고 있는 것이다.

바울은 먼저 광야에서 나타난 하나님의 영광과 새 언약 아래서 나타난 하나님의 영광을 다음과 같이 비교했다.

"돌에 써서 새긴 죽게 하는 율법 조문의 직분도 영광이 있어 이스라엘 자손들은 모세의 얼굴의 없어질 영광 때문에도 그 얼굴을 주목하지 못하였거든 하물며 영의 직분은 더욱 영광이 있지 아니하겠느냐"고후 3:7-8.

산 위에서 모세는 하나님의 형상을 보았고, 사람이 친구와 이야기하듯 하나님과 이야기를 나누었다. 산에서 내려왔을 때 모세는 얼굴을 가렸는데, 그 이유는 얼굴의 광채 때문에 사람들이 두려워했기 때문이었다. 모세의 얼굴만 봐도 그가 하나님과 그 영광의 임재 안에 있었다는 사실을 알 수 있었다.

새 언약 안에서, 하나님의 계획은 우리가 그분의 영광을 나타내는 것이 아니라 그분의 영광이 우리 안에 나타나게 하는 것이다! 어떤 것을 나타내는 것과 안에 머물러 자연스럽게 나타나는 것은 엄연히 다르다! 이것이 바울이 다음과 같이 말한 이유다.

"영광되었던 것이 더 큰 영광으로 말미암아 이에 영광될 것이 없으나" 고후 3:10.

비록 구약의 영광이 신약의 영광과 비교가 안 된다 해도, 구약의 영광 또한 경이로운 것이었다. 그래서 바울은 "모세가 이스라엘 자손들에게 장차 없어질 것의 결국을 주목하지 못하게 하려고 수건을 그 얼굴에 썼다"13절는 말을 되풀이한 것이다. 그런데 곧이어 바울은 이렇게 한탄한다.

"그러나 그들의 마음이 완고하여 오늘까지도 구약을 읽을 때에 그 수건이 벗겨지지 아니하고 있으니" 고후 3:14.

그들에게 그토록 절실히 필요했던 것을 보지 못했다는 것이 얼마나 슬픈 일인가. 바울은 우리도 그처럼 마음이 완고해져서 그와 같은 딜레마에 빠지지 않도록 경고한다.

따라서 우리는 이렇게 물어야 한다. "그들의 마음은 어떻게 완고해졌는가?" 그 답에는 우리에게 정말로 부족한 지식과 지혜가 담겨 있다. 우리가 하나님의 영광 안에서 행하기 위해 반드시 필요한 것, 그러나 지금 우리에게 없는 바로 그것이 말이다!

이 질문에 대한 답을 얻기 위해서는 다시 바울이 토론하던 시기로 돌아가야 한다.

경외하는 것과 두려워하는 것의 차이

이스라엘은 지금 막 애굽에서 나와 모세의 인도로 시내산에 이르렀고, 그곳에서 하나님이 그분의 영광을 나타내실 것이다.

"여호와께서 모세에게 이르시되 너는 백성에게로 가서 오늘과 내일 그들을 성결하게 하며 그들에게 옷을 빨게 하고 준비하게 하여 셋째 날을 기다리게 하라 이는 셋째 날에 나 여호와가 온 백성의 목전에서 시내

산에 강림할 것임이니" 출 19:10-11.

이는 예언적인 메시지로, 오늘 우리 시대에도 의미가 있다. 하나님이 자신의 영광을 나타내시기 전에, 먼저 백성들은 자신을 성결하게 해야 했다. 옷을 빠는 일도 여기에 포함되었다. 주님께서는 하루가 우리의 천 년과 같다는 것을 기억하라. 지금은 주 예수 그리스도가 부활하신 지 약 2천 년(이틀)이 지났다. 하나님은 그 2천 년 동안 교회가 하나님의 영광을 맞을 준비를 하며 세상과 거룩하게 구별되어야 한다고 말씀하셨다. 우리의 옷을 깨끗이 빨아 세상의 더러운 오물들을 제거해야 했다 고후 6:16, 7:1. 우리는 흠 없는 주의 신부가 되어야 했다. 2천 년 후, 주께서 그분의 영광을 다시 나타내실 것이기 때문이다.

이제 셋째 날 산에서 무슨 일이 일어났는지 읽어 보자.

"셋째 날 아침에 우레와 번개와 빽빽한 구름이 산 위에 있고 나팔 소리가 매우 크게 들리니 진중에 있는 모든 백성이 다 떨더라 모세가 하나님을 맞으려고 백성을 거느리고 진에서 나오매 그들이 산 기슭에 서 있는데 시내 산에 연기가 자욱하니 여호와께서 불 가운데서 거기 강림하심이라 그 연기가 옹기 가마 연기 같이 떠오르고 온 산이 크게 진동하며" 출 19:16-18.

하나님은 보이는 것뿐만 아니라 음성과 소리로도 자신을 나타내셨다. 모세가 말하자, 하나님이 모두에게 들리도록 그에게 대답하셨다.

오늘날 우리는 종종 하나님을 우리의 친구라며, 정말 허물없는 친구처럼 편안하게 말한다. 그러나 모세와 이스라엘 자손들이 보았던 것을 우리가 희미하게라도 보게 된다면, 틀림없이 시각이 바뀔 것이다. 그분은 주님이시며, 조금도 변하지 않으셨다! 하나님이 오셨을 때 백성들의 반응을 잘 살펴보자.

"뭇 백성이 우레와 번개와 나팔 소리와 산의 연기를 본지라 그들이 볼 때에 떨며 멀리 서서 모세에게 이르되 당신이 우리에게 말씀하소서 우리가 들으리이다 하나님이 우리에게 말씀하시지 말게 하소서 우리가 죽을까 하나이다 모세가 백성에게 이르되 두려워하지 말라 하나님이 임하심은 너희를 시험하고 너희로 경외하여 범죄하지 않게 하려 하심이니라" 출 20:18-20.

백성들이 떨며 뒤로 물러섰다는 것을 주목하라. 그들은 더 이상 하나님의 음성을 직접 듣고 싶지 않았다. 하나님의 영광을 보거나 그 안에 있는 것도 원하지 않았다. 그것을 견딜 수 없었기 때문이다.

모세는 재빨리 그들에게 "두려워하지 말라"고 하면서, 하나님이 그들을 시험하러 오셨다는 것을 설명하며 하나님 앞으로 다시 나아오라고 권면했다.

하나님이 우리를 시험하시는 이유는 무엇인가? 우리 마음속에 무엇이 있는지 알기 위해서인가? 절대 아니다. 하나님은 이미 우리 마음속에 무엇이 감추어져 있는지 다 아신다. 그분이 우리를 시험하시는 것은, 우리로 하여금 우리 마음속에 무엇이 있는지 알게 하시려는 것이다. 이스라엘 백성에게 임한 시험의 목적은 무엇이었는가? 그들이 하나님을 경외하는지 아닌지 알게 하려는 것이었다. 그들이 하나님을 경외했다면 죄를 짓지 않았을 것이다. 죄는 우리가 하나님으로부터 밀어질 때마다 나타나는 결과다.

모세는 "두려워하지 말라"고 말했다. 그리고 나서 하나님이 오신 것은 "너희로 경외하여 범죄하지 않게 하려 하심이니라"고 말했다. 이 구절이 '하나님을 두려워하는 것'과 '하나님을 경외하는 것'의 차이를 잘 말해 준다. 모세는 하나님을 경외했으나 백성들은 그렇지 않았다. 만일 우리가 하나님을 경외하지 않는다면, 틀림없이 하나님의 영광이 나타날 때 그분을 두려워하게 될 것이다. 경건한 경외심이 아니라 공포심 때문에라도 모든 무릎이 하나님 앞에 꿇을 것이기 때문이다고후 5:10-11.

"백성은 멀리 서 있고 모세는 하나님이 계신 흑암으로 가까이 가니라" 출 20:21.

하나님의 계시된 영광에 대한 반응의 차이를 보라. 이스라엘 백성들은 뒤로 물러났으나 모세는 더 가까이 갔다. 이것이 오늘날 신자들의 각기 다른 반응들을 보여 준다.

하나님의 영광이 나타날 때

중요한 것은 이스라엘 백성들이 오늘날 우리 교회들과 크게 다르지 않다는 사실이다.

그들은 애굽에서 나왔다. 이는 구원을 상징한다.

그들은 하나님의 기적을 체험했고 은혜를 누렸다. 오늘날 교회도 마찬가지다.

압제자들로부터의 해방을 경험했다. 오늘날 교회에서도 많은 이들이 그런 경험을 했다.

그들은 여전히 옛날의 생활방식을 원했다. 과거의 속박에서 벗어났는데도 예전과 같은 삶을 살려고 했다. 오늘날 교회에서도 이런 모습을 자주 볼 수 있다. 사람들은 구원받았는데도 여전히 마음으로는 세상의 생활방식을 버리지 못하고 있다. 그런 생활방식이 그들을 다시 속박하는데도 말이다.

그들은 하나님이 죄인들의 재산을 의로운 자들에게 주시는 것을 체험했다. 성경에 보면 하나님이 "마침내 그들을 인도하여 은 금을 가지고 나오게 하셨다"시 105:37고 했다. 그러나 그들은 이 하나님의 복을 가지고 우상을 만드는 데 썼다! 오늘날 우리도 그와 같은 일을 한 적이 있지 않은가? 하나님이 재정적인 기적을 베풀어 주셨다는 이야기를 많이 듣지만, 가장 큰 축복을 받은 자들이 결국 복을 주신 하나님보다 물질과 재정적인 복 자체에 더 힘과 애정을 쏟는 경우가 많다.

그들은 하나님의 치유 능력을 체험했다. 성경은 그들이 애굽을 떠날 때 "그의 지파 중에 비틀거리는 자가 하나도 없었도다"시 105:37라고 기록한다. 오늘날 가장 훌륭한 기적의 십자군들보다 더 훌륭했다. 모세는 300만 명의 강하고 건강한 사람들을 데리고 애굽에서 나왔다. 인구 300만 명 중에 아픈 사람이 하나도 없는 도시를 상상할 수 있겠는가? 이스라엘 백성들은 400년 동안 노예생활을 하며 고초를 견뎌 왔다. 그런 그들이 유월절 양을 먹었을 때 일어난 치유와 기적들을 상상해 보라!

이스라엘 백성들은 하나님의 구원, 치유, 기적, 해방시키는 능력을 모르는 자들이 아니었다. 사실 하나님이 그들을 위해 기적을 베푸실 때마다 열정적으로 찬양하던 자들이었다. 우리가 예배에서 치유나 성령 충만한 기적들을 경험할 때마다 그렇듯이 그들도 춤추며 찬양했다출 15:1, 20. 그런 이스라엘 백성들이 하나님의 기적이 나타날 때는 그로 인해 받을 혜택 때문에 가까이 나아갔으나, 하나님의 영광이 나타날 때는 무서워하며 뒤로 물러섰다는 사실이 매우 흥미롭다!

오늘날 우리는 그들과 얼마나 다른가? 우리도 기적에 마음이

혹한다. 사람들은 하나님의 기적이 나타나는 예배라면 먼 길도 마다않고 가서 복 받기를 기대하며 큰 제물을 드린다. 그러나 하나님의 영광이 나타날 때는 어떻게 되는가? 하나님의 영광스러운 임재 안에서는 사람들의 마음이 드러난다. 기적이 나타날 때는 우리 죄가 발각되지 않을 수 있지만, 하나님의 영광의 빛 안에서는 죄를 감출 수가 없다.

경외심이 없는 사람의 반응, 불평

하나님을 경외하는 사람은 하나님의 말씀과 임재 앞에서 떤다 사 66:2, 렘 5:22. 하나님의 말씀을 듣고 떤다는 것은 무슨 뜻인가? 그것을 한 문장으로 요약하면 이렇다.

"하나님의 말씀에 순종하지 않거나 타협하는 것이 더 유리해 보이는 상황에서도 하나님께 기꺼이 순종하려는 마음이다."

우리는 하나님이 선하시다는 사실을 분명히 믿어야 한다. 그분은 자녀를 학대하시는 분이 아니다. 하나님을 경외하는 사람은 이 사실을 안다. 그는 하나님의 성품을 알기 때문이다. 그렇기 때문에 다른 사람들이 두려워 떨며 뒤로 물러설 때에도 그들은 하나님께 가까이 나아가는 것이다.

대부분의 사람들이 머리로는 이 사실에 동의하지만, 막상 어려움이 닥치면 그들이 정말로 믿는 것이 무엇인지 분명히 드러난다.

시련의 불에 의해 믿음의 실상을 보게 되는 것이다.

이스라엘이 당면한 고난은 그들의 마음 상태를 드러내 주었다. 하나님의 말씀에 대한 그들의 다양한 반응들을 살펴보자. 이스라엘 자손들은 자신들에게 즉각적인 이득이 있으면 하나님의 말씀에 순종했다. 그러나 힘들거나 더 이상 이득이 없으면 하나님을 잊고 가차 없이 불평을 늘어놓았다.

여러 세기 동안 이스라엘은 애굽의 압제자들로부터 구원해 달라고 기도하며 부르짖었다. 약속의 땅으로 돌아가기를 애타게 갈망했다. 하나님은 그들을 인도할 자로 모세를 보내셨다. 그리고 모세에게 이렇게 말씀하셨다. "내가 내려가서 그들을 애굽인의 손에서 건져내고 그들을 그 땅에서 인도하여 아름답고 광대한 땅, 젖과 꿀이 흐르는 땅…에 데려가려 하노라" 출 3:8.

모세는 바로 왕 앞에 가서 "하나님의 백성을 보내라"며 하나님의 말씀을 선포했다. 그러나 바로는 그들의 일을 더 힘들게 할 뿐이었다. 이스라엘 노예들에게 짚을 주지 않으면서 엄청난 양의 벽돌을 만들게 했다. 그들은 밤에는 짚을 주우러 다니고 낮에는 벽돌을 만들어야 했다. 짚은 주지 않으면서 만들어야 할 벽돌 수는 조금도 감해 주지 않았다. 그들을 해방시키라는 하나님의 말씀이 오히려 그들의 고통을 더 가중시킨 격이 되고 말았다. 그들은 이런 압제 하에서 불평을 쏟아놓으며 모세에게 말했다. "제발 우리를 그냥 내버려 두고, 바로 왕에게 아무 말도 하지 마십시오. 당신은 우리의 삶을 더 힘들게 만들고 있습니다."

마침내 하나님이 그들을 애굽에서 구해 내셨을 때, 바로의 마음은 다시 완악해져서 전차와 전사들을 이끌고 광야까지 이스라엘 백성들을 쫓아왔다. 애굽인들이 다시 따라오는 것을 보았을 때, 이스라엘 백성들 앞에는 홍해가 놓여 있었다. 그들은 다시 불평했다. "우리가 애굽에서 당신에게 이른 말이 이것이 아니냐 이르기를 우리를 내버려 두라 우리가 애굽 사람을 섬길 것이라 하지 아니하더냐 애굽 사람을 섬기는 것이 광야에서 죽는 것보다 낫겠노라"출 14:12.

본질적으로 그들은 이렇게 말하는 것이다. "왜 우리가 하나님을 섬겨야 하지? 그래 봐야 우리 삶이 더 비참해질 뿐인데 말이야. 우리 형편은 점점 더 좋아지는 게 아니라 오히려 더 나빠지고 있다고." 그리고 옛 생활방식과 현 상태를 비교했다. 그 두 가지가 차이가 날 때마다 이스라엘 백성들은 다시 돌아가고 싶어했다. 하나님 뜻에 순종하는 것보다 편안함을 원했다. 그들에겐 하나님을 경외하는 마음이 없었던 것이다! 하나님의 말씀을 듣고 떨지 않았다.

하나님이 홍해를 가르시니, 이스라엘 자손들은 마른 땅으로 바다를 건너고 그들을 압제하던 애굽인들이 바닷물에 빠지는 것을 목도했다. 그들은 하나님의 선하심을 찬양하고 하나님 앞에 춤추며 노래했다. 다시는 하나님의 선하심을 의심하는 일이 없으리라 확신했다. 그러나 그들은 자신들의 마음을 몰랐다. 또 다른 시험이 찾아와 그들의 불신을 드러냈다. 겨우 3일 만에 그들은 쓴 물이 아니라 단 물을 원한다며 또다시 불평했다출 15:22-25.

우리도 그럴 때가 얼마나 많은가? 우리의 더러움을 깨끗이 씻기 위해 따끔한 충고가 필요할 때 우리는 부드럽고 기분 좋은 말을 듣고 싶어한다. 그래서 솔로몬은 "주린 자에게는 쓴 것이라도 다니라"잠 27:7고 말한 것이다.

며칠 후, 이스라엘 자손들은 다시 먹을 것이 없다고 불평했다. "우리가 애굽 땅에서 여호와의 손에 죽었더라면 좋았을 것을" 하고 말했다출 16:1-4. 그들이 얼마나 종교적으로 행동하고 있었는지 알겠는가?

또다시 이스라엘은 물이 없다고 불평했다출 17:1-4. 그들은 새로운 고난을 만날 때마다 불평했다. 자기들에게 유익이 되는 것 같을 때는 하나님의 말씀을 잘 지켰다. 그러나 하나님께 순종하여 어려움을 당할 때는 금세 불평을 늘어놓았다.

하나님의 임재를 갈망하는 사람

그런데 모세는 달랐다. 그의 마음은 오래 전에 연단을 받았다.

"믿음으로 모세는 장성하여 바로의 공주의 아들이라 칭함 받기를 거절하고 도리어 하나님의 백성과 함께 고난받기를 잠시 죄악의 낙을 누리는 것보다 더 좋아하고 그리스도를 위하여 받는 수모를 애굽의 모든 보화보다 더 큰 재물로 여겼으니 이는 상 주심을 바라봄이라"히 11:24-26.

이스라엘 자손들은 노예의 삶을 스스로 택한 것이 아니었다. 그런데 모세는 세상이 줄 수 있는 모든 것 중에 가장 좋은 것을 받았는데도 하나님의 백성들과 함께 고난받기 위해 그 모든 것을 거절했다. 그의 마음자세는 이스라엘 백성들과 완전히 달랐다. 그들은 자신들이 당하던 압제를 금세 잊어버리고 애굽(세상)으로 돌아가고 싶어했다. 전에는 마음껏 즐겼으나 지금 광야에서 하나님의 시험을 받는 동안은 누릴 수 없는 것들만 기억할 뿐이었다. 반면에 모세가 고난을 택한 것은 '상 주심을 바라보았기' 때문이다. 그가 바라는 상은 무엇이었는가? 우리는 그 답을 출애굽기 33장에서 찾을 수 있다.

> "여호와께서 모세에게 이르시되 너는 네가 애굽 땅에서 인도하여 낸 백성과 함께 여기를 떠나서 내가 아브라함과 이삭과 야곱에게 맹세하여 네 자손에게 주기로 한 그 땅으로 올라가라 내가 사자를 너보다 앞서 보내어 가나안 사람과 아모리 사람과 헷 사람과 브리스 사람과 히위 사람과 여부스 사람을 쫓아내고 너희를 젖과 꿀이 흐르는 땅에 이르게 하려니와 나는 너희와 함께 올라가지 아니하리니 너희는 목이 곧은 백성인즉 내가 길에서 너희를 진멸할까 염려함이니라 하시니" 출 33:1-3.

하나님은 모세에게 백성들을 데리고 약속의 땅, 그들이 상속받기 위해 수백 년 동안 기다려 온 그 땅으로 가라고 하셨다. 또 하나님은 친히 그들과 함께 가시진 않겠으나 특별히 천사를 함께 보내

주시겠노라고 모세에게 약속하셨다. 그러나 모세는 바로 이렇게 대답했다. "주께서 친히 가지 아니하시려거든 우리를 이 곳에서 올려 보내지 마옵소서"15절. 하나님 없이 약속의 땅으로 들어가는 것에 대한 선택권을 이스라엘 백성들에게 주지 않은 것이 천만다행이다. 하나님보다 애굽에서의 편안한 삶을 택했을 그들이라면, 당연히 하나님 없이 약속의 땅으로 들어가기를 택했을 것이다. 그러나 모세의 목표는 약속의 땅이 아니었기 때문에 그의 반응은 달랐다.

모세는 "하나님이 함께하시지 않으면 그 약속은 아무것도 아닙니다!"라고 말했다. 그가 바라던 상급은 바로 하나님의 임재였기 때문에 하나님의 제안을 거절한 것이다. 모세가 "우리를 이곳에서 올려 보내지 마옵소서"라고 말했을 때 어떤 처지였을지 생각해 보라. '이곳'은 어디였는가? 광야였다!

모세는 다른 이스라엘 백성들과 똑같은 환경에서 살고 있었다. 초인적인 능력이 있어서 나머지 백성들이 겪는 어려움을 겪지 않은 것이 아니었다. 그도 백성들과 똑같이 목마르고 배고팠지만, 다른 사람들처럼 불평하는 모습을 한 번도 볼 수가 없다. 이 고통에서 벗어나 그토록 꿈꾸던 땅으로 갈 수 있는 기회가 주어졌는데도 모세는 그것을 거절했다.

하나님이 우리를 시험하시기 위해 사용하시는 방법 중 한 가지는, 우리가 거절하길 바라시는 제안을 하시는 것이다. 그 제안은 처음에는 더 큰 성공을 약속할지 모르나, 그것을 위해 치러야 할 대가가 무엇인지 잘 생각해 보아야 한다. 우리의 일이 더 확장되고 멀리

뻗어나갈 것처럼 보일지도 모른다. 그러나 마음속 깊은 곳에서는, 그것을 택하는 것이 하나님의 궁극적인 소원에 위배되는 것임을 알고 있다. 오직 하나님의 말씀을 듣고 떠는 자들만이 당장에는 이득이 더 없어 보이나 하나님의 뜻에 합한 쪽을 택할 것이다.

열왕기하 2장에서 엘리야가 엘리사에게 세 번이나 여기 머물라고 했다. 그런데 그 세 번의 명령은 각각 다른 시험이었다. 엘리사에게는 그곳에 머무는 것이 더 편했을 것이다. 그러나 엘리사는 "여호와께서 살아 계심과 당신의 영혼이 살아 있음을 두고 맹세하노니 내가 당신을 떠나지 아니하겠나이다"왕하 2:2라고 완강히 말했다. 그는 일시적인 편안함보다 하늘의 상급이 훨씬 더 중요하다는 것을 알았다!

자칭 그리스도인이라 하는 사람들

외형적으로, 또는 육체적으로 볼 때는 모세와 이스라엘 백성들 간에 별다른 점을 볼 수 없다. 그들은 모두 아브라함의 후손들이었다. 모두 하나님의 기적적인 능력의 개입으로 애굽을 떠난 자들이었다. 모두 하나님의 약속의 땅을 유업으로 받을 자들이었다. 모두 여호와를 알고 섬긴다고 고백했다. 그런데 그들의 마음속 깊숙한 곳에 다른 점이 감춰져 있었다. 즉 모세는 하나님을 경외했으므로 하나님의 마음과 뜻을 감지했다. 그러나 이스라엘 백성들은 하나님을 경외하지 않았기 때문에 제대로 보지 못했고 사리 분별이 어두웠던 것이다.

오늘날도 다르지 않다. 기독교는 거의 하나의 단체가 되어 버렸다. 어렸을 때부터 단체가 당신에게 어떤 것이었는지 생각해 보라. 어딘가에 소속되고 싶어서 단체에 들어갔을 것이다. 단체가 주는 안정감 속에서, 다른 회원들과 공동의 관심사나 목적 때문에 일체감을 가졌을 것이다. 자신보다 더 큰 무언가의 일부가 된다는 것은 기분 좋은 일이다. 단체는 당신의 배후에서 안정감을 주었을 것이다.

오늘날 자칭 그리스도인이라 하는 사람들 중에는, 교회 문턱에도 와 본 적이 없는 사람들과 똑같이 하나님을 경외하지 않는 사람들도 있다. 기독교라는 단체의 확실한 회원인데 두려워할 것이 뭐가 있는가? 사실 교회 안에 있는 몇몇 사람들보다 사탄이 더 두려워 떤다. 야고보는 구원받았다고 고백하나 하나님을 경외하지 않는 사람들에게 이렇게 경고한다. "네가 하나님은 한 분이신 줄을 믿느냐 잘하는도다 귀신들도 믿고 떠느니라"약 2:19.

이 사람들은 교회에 와서 앉아 있고, 봉사도 하고, 심지어 강단에서 설교도 한다. 그들은 빈민가로부터 치열한 경쟁사회까지 다양한 삶의 현장에서 살아가는 사람들이다. 스스로 구원받았고 하나님의 약속을 사랑한다고 고백하지만, 그들은 멀리 보지 못한다. 그리고 이스라엘 백성들처럼 하나님을 경외하지 않는다.

유다는 이런 날을 예견하고 경고했다. 사람들이 기독교라는 단체의 회원이 되었다는 이유로 교회에 와서 하나님의 은혜로 구원받았다고 고백할 것이라고 말이다. 그들은 신자들의 모임에 겁 없이 참석하지만, 실상은 자기 배만 채우고 있는 것이다.유 12절.

마태복음 7장 21-23절에서, 예수님은 그를 주와 구세주로 부르면서 그의 이름으로 귀신을 내쫓고 기적을 행하나 정작 하나님의 뜻에 순종하는 삶은 소홀히 하는 사람들이 있을 것이라고 말씀하셨다. 예수님은 이런 상태를 '곡식 가운데서 자라는 가라지'로 묘사하셨다. 밀과 가라지를 분별하기는 쉽지 않다. 이스라엘 백성들에게 그랬듯이, 하나님의 영광스러운 임재의 불이 결국 모든 사람의 마음을 적나라하게 드러낼 것이다. 추수기로 접어들 때 교회의 상태가 바로 이럴 것이다.마 13:26.

경외하는 마음은 범죄를 막는다

말라기는 이 마지막 때에 하나님이 예언자의 목소리를 보내어 주의 백성들이 주의 영광을 맞이할 준비를 하게 하실 것이라고 예언했다. 사무엘, 모세, 세례 요한을 통해 하셨던 것처럼 말이다. 그러나 한 사람이 아니라 여러 사람이 예언의 메시지를 전할 것이다. 이 주의 사자들은 한 목적을 가지고 일어나 한 마음으로, 진리를 깨닫지 못하는 사람들에게 진심으로 하나님께 돌아가라고 촉구할 것이다.

그러므로 하나님의 백성들의 마음속에 거룩한 질서가 회복될 것이다. 이 예언자들은 심판의 사자들이 아니라 자비의 사자들이다. 그들을 통해 하나님은 자신의 백성들이 심판을 면하게 하신다. 말라기의 말을 들어 보자.

"보라 내가 내 사자를 보내리니 그가 내 앞에서 길을 준비할 것이요 또 너희가 구하는 바 주가 갑자기 그의 성전에 임하시리니… 그가 임하시는 날을 누가 능히 당하며 그가 나타나는 때에 누가 능히 서리요 그는 금을 연단하는 자의 불과 표백하는 자의 잿물과 같을 것이라" 말 3:1-2.

말라기는 교회가 갑자기 사라지는 장면을 묘사하고 있는 것이 아니다. 그는 주께서 그의 성전에(그의 성전을 위해서가 아니라) 임하실 것이라고 말한다. 호세아는 2천 년 후에 주께서 그의 성전인 우리에게 오실 때 늦은 비처럼 오실 것이라고 말했다. 그것은 하나님의 영광이 나타나는 것을 말한다. 말라기는 그리고 나서 "그가 임하시는 날을 누가 능히 당하리요?"라고 묻는다. 두 선지자 모두 이 사건이 교회가 갑자기 사라지는 것과는 다르다는 것을 확증해 준다.

말라기는 하나님의 영광스러운 임재의 두 가지 결과를 보여 주며 자신의 질문에 답한다. 첫째, 하나님을 경외하는 자들을 연단하고 정결케 한다 말 3:3, 16-17. 둘째, 하나님을 섬긴다고 말하나 실상은 그분을 경외하지 않는 사람들을 심판할 것이다 말 3:5, 4:1. 이렇게 정결케 하는 일이 일어난 뒤에는 어떤 일이 일어나는가?

"그 때에 너희가 돌아와서 의인과 악인을 분별하고 하나님을 섬기는 자와 섬기지 아니하는 자를 분별하리라" 말 3:18.

그 영광이 나타나기 전에는, 하나님을 섬기는 사람과 단지 입으로만 하나님을 섬긴다고 말하는 사람을 구별할 수가 없다. 그런데 만약 하나님의 영광의 빛이 비친다면, 위선은 감출 수가 없다. 단체에 속했다는 안정감은 결국 사라질 것이다. 이 사실은 신약 시대의 그리스도인들을 향한 예수님의 엄중한 경고를 더 잘 이해하도록 도와준다.

"내가 내 친구 너희에게 말하노니 몸을 죽이고 그 후에는 능히 더 못하는 자들을 두려워하지 말라 마땅히 두려워할 자를 내가 너희에게 보이리니 곧 죽인 후에 또한 지옥에 던져 넣는 권세 있는 그를 두려워하라 내가 참으로 너희에게 이르노니 그를 두려워하라" 눅 12:4-5.

하나님을 경외하면 거짓을 믿는 사람들이 가는 멸망의 길을 피할 수 있다. 모세는 하나님의 사람들 마음속에 있는 하나님을 경외하는 마음이 죄를 범하지 않게 해주는 힘이라고 말했다 출 20:20. 솔로몬은 "여호와를 경외함으로 말미암아 악에서 떠나게 되느니라" 잠 16:6고 했다. 예수님은 특정 목적을 위해 믿는 자들에게 경고하셨고, 거짓된 위선의 덫에 대해 경고하시기에 앞서 하나님을 경외하라고 권면하셨다.

"감추인 것이 드러나지 않을 것이 없고 숨긴 것이 알려지지 않을 것이 없나니" 눅 12:2.

우리가 자신의 명성을 보호하기 위해 죄를 감출 때, 우리 마음을 숨기게 된다. 그러면 실제로 우리가 깨끗하지 않은데도 깨끗하게 보일 거라고 착각한다. 이것이 결국 위선으로 이어지는 것이다. 그래서 이제는 다른 사람들뿐 아니라 자기 자신까지 속이게 된다(딤후 3:13 참조). 이스라엘 백성들처럼, 우리도 마음이 완고해지고 눈이 가려져서 앞을 보지 못하게 되는 것이다.

오로지 하나님을 경외하는 마음만이 우리로 위선에 빠지지 않게 보호해 줄 수 있다. 그럴 때 우리는 어차피 죽을 사람들의 의견보다 하나님을 더 두려워할 것이므로 마음속에 죄를 숨겨 두지 않을 것이다. 사람들의 생각보다 하나님이 우리를 어떻게 생각하실지에 더 신경쓰게 될 것이다. 일시적인 편안함보다 하나님이 원하시는 일에 더 관심을 갖게 될 것이다. 사람의 말보다 하나님의 말씀을 더 귀하게 여길 것이다. 우리 마음이 주께로 향하게 될 것이다!

THE FEAR OF THE LORD

경외하는 자, 세상의 빛이 되다

하나님을 경외하는 우리는 계속해서 하나님의 형상을 닮아가,
마침내 어두운 세상에서 밝은 빛을 비추게 된다.
이는 하나님의 신실한 교회가 마지막 때에 나타내게 될
두려운 영광을 묘사하는 것이다.

> 네 의를 빛같이 나타내시며
> 네 공의를 정오의 빛같이 하시리로다 시 37:6.

고린도후서 3장 16절은 말한다. "그러나 언제든지 주께로 돌아가면 그 수건이 벗겨지리라." 얼마나 감동적인 약속인가! 우리가 주께로 돌아가면, 하나님의 영광을 보지 못하게 우리 눈을 가리고 있던 수건이 벗겨진다고 한다! 계속 이야기하기 전에, 이 성경 구절에 함축된 온전한 의미를 강조하고 싶다. 우리는 이 구절의 의미를 명확히 알아야 한다.

제3의 길이란 없다

예수님은 아주 깜짝 놀랄 질문을 하셨는데, 오늘날 우리는 그 질문을 그냥 무시하고 넘어갈 때가 많다. 그 질문은 이것이다. "너희는 나를 불러 주여 주여 하면서도 어찌하여 내가 말하는 것을 행하지 아니하느냐?"눅 6:46 헬라어로 '주'는 '큐리오스' *kurios*인데, 이것은 '최고 권위자'를 뜻하며 소유권의 의미를 담고 있다.

주님은 창조주이자 통치자이시며 우주의 주인이시다. 최고 권위자로서 주님은 인간을 에덴동산에 두시며 권위를 위임하셨다. 그런데 인간은 위임 받은 땅의 통치권을 사탄에게 넘겨 주고 말았다눅 4:6.

그러나 십자가에서 예수님은 잃어버렸던 것을 다시 찾으셨다. 이제 우리에게는 선택권이 있다. 즉 우리 삶의 소유권을 온전히 예수님께 내어 드리거나, 아니면 계속 그것을 쥐고 있으면서 잃어버린 세상, 죽어 가는 세상의 지배를 받으며 살아가는 것이다. 제3의 대안은 없다. 중간을 택할 수도 없다.

우리가 하나님을 경외하지 않고 주님으로 공경하지 않는 것은 우리 삶에 대한 주권의 일부를 내어 드리지 않는 것이다. 입으로 예수님을 주님으로 고백할지라도, 삶으로 나타나는 열매가 우리의 불경함을 명백히 드러낸다. 반면에 우리가 하나님을 경외한다면, 왕이요 주님이신 하나님의 권위에 온전히 복종할 것이다. 그때 하나님은 우리를 제한 없이 완전히 소유하실 수 있고, 우리는 그분의 종이 된다.

바울, 디모데, 야고보, 베드로, 유다 모두 서신서에 종으로 언급되었다롬 1:1, 골 4:12, 약 1:1, 벧후 1:1, 유 1절 참조. 종은 빚을 갚기 위해 무보수로 열심히 봉사한다. 이는 노예와는 또 다른 개념인데, 노예는 그 문제에 있어 선택할 권한이 없다. 그러나 종은 자발적으로 일한다. 우리는 하나님에 대한 사랑과 신뢰, 경건한 경외심으로 섬긴다. 우리 삶에 대한 온전하고 무조건적인 소유권을 기꺼이 하나님께 내어 드린다.

바울이 가는 곳마다 속박과 환난과 고난이 기다리고 있었지만 그가 담대하게 대처할 수 있었던 것도 이 때문이다. 그는 "보라 이제 나는 성령에 매여 예루살렘으로 가는데"행 20:22라고 단호하게 말할 수 있었다. 주님이 바울을 얽어매셨는가? 절대 아니다! 바울은 하나님의 뜻을 이루려면 자기가 고난을 받게 되리라는 것을 알고 있었다. 하지만 자신의 안락함보다 하나님의 소원을 택했다. 자기 삶에 대한 완전하고 무조건적인 소유권을 기꺼이 예수님께 내어 드렸다.

바울은 자기가 만나게 될 극심한 고난을 이렇게 표현했다. "내가 달려갈 길과 주 예수께 받은 사명 곧 하나님의 은혜의 복음을 증언하는 일을 마치려 함에는 나의 생명조차 조금도 귀한 것으로 여기지 아니하노라"24절. 그는 희생을 감수하고 헌신했다. 하나님에 대한 사랑과 거룩한 경외심이 함께 있어야만 하나님의 주권에 온전히 복종할 수 있다. 이것이 하나님을 따르는 모든 사람들에게 반드시 필요한 헌신이다눅 14:25-33.

예수님이 "너희는 나를 불러 주여 주여 하면서도 어찌하여 내가 말하는 것을 행하지 아니하느냐?"고 물으신 것은, "너희가 계속 너희 삶의 주인 행세를 하고 있으면서 나를 '주' 라고 부름으로 스스로 속이지 말라"고 말씀하신 것이다.

자기 기만은 어디에서 오는가

사울 왕의 삶은 자기기만에 대해 잘 보여 준다. 하나님은 사무엘 선지자를 통해 사울에게 한 가지 명령을 내리셨다. 군대를 모아 아말렉을 공격하여 살아 숨 쉬는 모든 것, 즉 모든 남자와 여자와 아이들과 동물까지 완전히 멸하라는 것이었다.

사울은 "절대 그럴 수 없다!"며 사무엘의 지시를 거부하거나 완전히 정반대로 행하지 않았다. 그랬으면 명백한 불순종이었을 것이다. 사울은 사무엘의 말을 듣고 군대를 모아 아말렉을 공격했다. 이 공격에서 수많은 남자와 여자, 아이들을 죽였다. 그런데 사울은 아말렉 왕만 살려 두었다. 승리의 상징으로 다른 나라의 왕이 자기 왕궁에서 섬기기를 원했던 것인지도 모른다.

동물들도 거의 죽였다. 그런데 가장 좋은 양과 어린 양과 소 몇 마리는 남겨 두었다. 사람들이 이것들을 여호와께 제물로 바칠 수도 있고, 또 그렇게 하는 것이 '성경적'이라고 생각했을 것이다. 선지자의 말을 듣지 못한 사람들이 보기에는 사울이 아주 경건한 왕으로 보였을 것이다. "보아라, 그가 가장 좋은 것만 여호와께 바친다!" 하고 말했을 것이다.

이 일 후에 하나님이 사무엘에게 말씀하셨다. "내가 사울을 왕으로 세운 것을 후회하노니 그가 돌이켜서 나를 따르지 아니하며 내 명령을 행하지 아니하였음이니라" 삼상 15:11.

그 다음날 사무엘이 사울을 만나러 갔다. 사울은 사무엘이 오는 것을 보고 반갑게 인사했다. "당신은 여호와께 복을 받으소서 내가 여호와의 명령을 행하였나이다"13절.

잠깐만! 그것은 분명 하나님의 생각이 아니었다! 단지 그의 의견일 뿐이다. 여기서 무슨 일이 일어났는가? 어째서 같은 사건을 두고 그토록 다른 관점을 가질 수 있는 걸까? 사울은 정말로 자기가 하나님께 순종했다고 믿었다. 어떻게 그렇게 생각이 다를 수 있을까? 야고보가 그것을 설명해 준다.

"너희는 말씀을 행하는 자가 되고 듣기만 하여 자신을 속이는 자가 되지 말라"약 1:22.

우리가 하나님의 말씀을 듣고 그대로 행하지 않으면, 우리 자신의 마음을 속이는 것이다! 그래서 실상은 하나님께 불순종하고 있으면서도 순종하고 있다고 생각할 수 있는 것이다. 이것은 두렵고도 정신을 번쩍 들게 하는 계시다. 기만이 마음을 가리고 진리를 가로막는다. 또 사람이 불순종할수록 이 기만의 베일은 점점 더 두꺼워져서 없애기가 점점 힘들어진다.

몇 가지 중요한 사항들을 반복해서 언급하겠다. 첫째, 사울은 분명히 자기가 들은 대로 행하지 않겠다고 하지 않았다. 그는 들은 대로 행동을 취했다. 둘째, 그는 수많은 사람들을 죽였으나 오직 한 사람만 살려 두었다. 수천 마리의 동물들 중에서도 단 몇 마리만 남기고 다 죽였다. 아마 그가 들은 명령의 99퍼센트는 그대로 행했을

것이다. 그러나 하나님은 거의 완벽에 가까운 그의 순종을 '거역'으로 보셨다!삼상 15:23

오늘날 우리는 이렇게 말할지도 모른다. "좋아. 꽤 노력했어." 또 "어쨌든 그는 거의 모든 걸 지켰어. 잘했다고 인정해 줘야 해! 왜 하지 않은 한 가지를 지적하는 거지? 그가 한 모든 일을 봐 줘야지! 불쌍한 사울을 너무 몰아붙이지 말라고!"라고 말하며 사울을 변호할지도 모르겠다.

그런데 하나님 보시기에 부분적인 순종 또는 선택적인 순종은 그의 권위에 대한 반항과 똑같은 것이다. 그것은 하나님에 대한 경외심이 없다는 증거다!

내가 캐나다에서 사역을 준비하던 기간에 있었던 일이다. 한창 경배와 찬양을 드리고 있는데, 성령께서 이런 질문을 던지셨다. "너는 종교적인 마음이 무엇인지 알고 있느냐?"

나는 종교적인 마음과 그것이 어떤 일을 일으키는지에 대해 글도 쓰고 설교도 했지만, 그 순간 내가 알고 있는 정보가 지극히 제한적일 거라는 생각이 들었다. 언제든지 하나님이 질문을 하실 때는 모르시기 때문이 아니었다. 나는 "아닙니다, 주님. 제게 말씀해 주십시오"라고 대답했다.

하나님은 즉시 이렇게 대답하셨다. "종교적인 마음을 가진 사람은 자기의 뜻을 이루기 위해 내 말을 사용하는 사람이다!" 다시 말하면, 하나님의 말씀에 자기가 원하는 것을 포함시키는 것이다.

나는 성령이 주신 지혜를 두려운 마음으로 받았다. 그리고 이것을 사울의 상황에 적용시켜 보았다. 사울이 어떻게 선지자에게 지시 받은 대로 행하면서 자기가 원하는 것을 슬쩍 그 속에 포함시켰는지를 볼 수 있었다. 그의 초점은 하나님의 마음에 있지 않았다. 사울은 자기에게 이익이 되고 백성들 앞에서 자신의 지위를 더 강화할 수 있는 기회를 보았고, 그것을 붙잡은 것이다. 그것이 하나님의 주권을 인정하는 모습인가? 하나님의 말씀을 듣고 떠는 모습인가? 하나님을 경외하는 마음이 있으면 결코 개인적인 이득을 위해 하나님의 진리를 타협하지 못할 것이다. 어떤 대가를 치르더라도 하나님의 말씀에 복종할 것이다.

말씀을 듣고도 변하지 않는 이유

야고보의 말을 다시 들어 보자.

"너희는 말씀을 행하는 자가 되고 듣기만 하여 자신을 속이는 자가 되지 말라 누구든지 말씀을 듣고 행하지 아니하면 그는 거울로 자기의 생긴 얼굴을 보는 사람과 같아서 제 자신을 보고 가서 그 모습이 어떠했는지를 곧 잊어버리거니와"약 1:22-24.

야고보는 이 평범한 예를 통해 우리가 예수님의 주권에 복종하지 않을 때 마음속에 실제로 어떤 일이 일어나는지를 보여 준다. 무조건적인 순종으로 하나님의 말씀 앞에 떨지 않을 때는 거울로 우리 자신을 보는 것과 같다. 즉 자기 모습을 보고 가서는 그 모습이 어땠는지를 곧 잊어버리는 것이다. 거울로는 우리 자신을 볼 수 있지만, 그 자리를 떠나는 즉시 마치 눈 먼 사람처럼 모두 잊어버린다.

이것은 사람들이 하나님의 말씀을 읽고, 듣고, 심지어 설교하면서도 정말 하나님의 말씀을 모르는 사람들처럼 살 수 있는 이유를 설명해 준다. 그들의 삶에는 달라진 것이 거의 없다. 사실상 아무 변화도 일어나지 않았다. 시편 기자는 하나님의 집에 와서 그분의 말씀을 듣고도 여전히 변화되지 않는 사람들의 상태를 이렇게 묘사한다. "그들은 변하지 아니하며 하나님을 경외하지 아니함이니이다"시 55:19.

이 사람들은 구원받았다고 고백하지만, 하나님의 능력으로 변화되지 않았다. 성결하지 않고, 감사하지 않고, 사랑하지 않고, 순종하지 않고, 용서하지 않고, 하나님의 말씀을 들어 본 적도 없는 사람과 조금도 다른 점이 없어 보인다. 담배를 피거나 술을 마시거나 길거리에서 욕을 하지는 않을지라도, 마음속의 동기를 들여다보면 똑같다. 즉 이기적인 마음이다. 바울은 그들의 상태를, 항상 배우나 그 진리에 대한 지식을 적용하지 못하는 자들로 묘사했다. 그들은 속임을 당할 것이다딤후 3:1-7, 13.

광야에서 이스라엘 백성들은 이와 같이 베일에 가려진 마음 때문에 눈앞의 일밖에 보지 못했다. 그 베일은 '기만'이라고 불렸다. 그들은 하나님의 말씀을 듣고 그분의 강한 능력을 보았으나 여전히 똑같은 모습이었다. 거룩한 경외심이 없었기 때문에 영적인 눈이 어두웠던 것이다.

참으로 회개하지 않으면 이 베일이 점점 더 두꺼워져 마침내 완전히 보지 못하게 된다. 마음이 완전히 굳어져서 자신들이 어떤 사람이 되었는지 보지 못하는 것이다. 애굽(세상)에서 해방된 것을 경축하면서도 하나님의 뜻을 알지 못했고, 하나님의 영광의 임재가 나타났을 때는 두려워하며 뒤로 물러났다. 우리도 하나님의 경고를 주의 깊게 듣지 않으면 이와 같이 될 수 있다.

바울은 우리가 예수님의 주권에 복종하고, 주님의 임재를 경외하고, 주님의 말씀을 듣고 떨 때 무슨 일이 일어나는지 말해 준다.

"그러나 언제든지 주께로 돌아가면 그 수건이 벗겨지리라 주는 영이시니 주의 영이 계신 곳에는 자유가 있느니라 우리가 다 수건을 벗은 얼굴로 거울을 보는 것 같이 주의 영광을 보매 그와 같은 형상으로 변화하여 영광에서 영광에 이르니 곧 주의 영으로 말미암음이니라" 고후 3:16-18.

야고보처럼 바울도 거울 보는 것을 비유로 사용했다. 그러나 우리가 보는 것은 자연적인 형상이 아니라 예수 그리스도의 얼굴에서 보이는 하나님의 영광이다 고후 4:6. 이 형상은 우리가 하나님의 말씀을 듣고 또한 순종하여 그대로 행할 때 우리 마음속에 나타난다. 야고보는 이것을 다음과 같은 말로 확증했다.

"자유롭게 하는 온전한 율법을 들여다보고 있는 자는 듣고 잊어버리는 자가 아니요 실천하는 자니 이 사람은 그 행하는 일에 복을 받으리라"
약 1:25.

자유롭게 하는 온전한 율법은 바로 예수님을 말한다. 예수님은 살아 계시며, 계시된 하나님의 말씀이시다. 요한은 말한다. "증언하는 이가 셋이니 성령과 물과 피라 또한 이 셋은 합하여 하나이니라"
요일 5:7.

우리가 열심히 예수님을 찾고, 성령의 지도하에 주의 말씀에 귀를 기울이고, 계시된 말씀에 순종할 때, 우리 눈은 밝히 볼 수 있고 베일에 가려지지 않는다. 그럴 때 우리는 하나님의 영광을 인식할 수 있다!

하나님이 바라시는 것은 우리가 그분의 영광을 보는 것임을 명심하라! 하나님은 이스라엘이 경외심이 없어 주의 영광스러운 임재를 견디지 못했을 때 한탄하셨다. 마음이 베일에 가려지지 않은 자들만이 하나님을 볼 수 있다!

우리가 하나님의 계시된 말씀의 거울로 하나님의 영광을 볼 때, 성령에 의해 우리는 하나님의 형상으로 변화된다! 하나님께 영광을 돌리자! 지금 우리는 히브리서 저자의 절박한 심정을 이해할 수 있다.

"그러므로 우리는 들은 것에 더욱 유념함으로 우리가 흘러 떠내려가지 않도록 함이 마땅하니라"히 2:1.

모든 신자들에게는 높은 소명이 있으니, 곧 예수 그리스도의 영광스러운 형상을 닮아 가는 것이다빌 3:14, 롬 8:29. 그러나 열심히 하나님의 말씀에 순종하지 않으면, 자기도 모르게 앞에 놓인 하나님의 길에서 떠내려가 버리고 말 것이다. 눈을 가리고 운전을 한다고 생각해 보라. 시동을 켜는 것까지는 가능하겠지만, 곧 목적지와 다른 방향으로 가고 있을 것이다! 눈을 가리고 있으면 어디로 가고 있는지 알 수가 없다. 눈가리개를 벗고 앞을 똑바로 보려면 하나님께 순종해야 한다!

말씀의 빛으로 온몸을 가득 채우라

우리는 우리가 바라보는 것으로 변한다. 영적인 눈이 베일에 가려져 있으면 우리가 가진 하나님의 형상이 왜곡되고 만다. 우리의 마음속에서, 주님의 형상은 실제 하나님의 깨끗한 모습보다 타락하기 쉬운 인간의 형상과 비슷해진다. 그렇게 되면 우리가 살고 있는 문화의 희미한 빛으로 하나님의 길들을 보게 된다. 이스라엘 백성이 그토록 강력하고 분명한 기적을 체험했으면서도 곧바로 하나님을 전혀 모르는 자들처럼 행동한 것도 이 때문이다. 예수님의 말씀을 들어 보자.

"눈은 몸의 등불이니 그러므로 네 눈이 성하면 온 몸이 밝을 것이요 눈이 나쁘면 온 몸이 어두울 것이니 그러므로 네게 있는 빛이 어두우면 그 어둠이 얼마나 더하겠느냐" 마 6:22-23.

우리 몸에 방향을 제시해 주는 등불이 바로 눈이다. 이 등불의 형상은 육체적인 시력뿐 아니라 마음의 눈을 이야기하는 것이기도 하다엡 1:18. 우리의 전 존재가 그 눈의 인식과 지시를 따르는 것이다. 만일 우리 눈이 살아 있는 하나님의 말씀을 본다면히 6:5, 우리 전 존재가 하나님의 속성인 빛으로 충만할 것이다요일 1:5. 계속해서 이 진리의 빛 안에서 변화되어 갈 것이며, 절대 안전하고 그 길을 벗어나 떠내려 가지 않을 것이다.

예수님의 마지막 말씀을 자세히 살펴보라. "그러므로 네게 있는 빛(예수님에 대한 인식)이 어두우면 그 어둠이 얼마나 더하겠느냐!"마 6:23 이 말은 불신자에게 한 말이 아니라 하나님의 말씀을 아는 사람에게 한 말이다. 빛이 그 사람 안에 있다고 했기 때문이다.

하나님을 안다고 주장하나 그분을 경외하지 않는 자들은 이 말씀을 기억하라. "네가 어찌하여 내 율례를 전하며 내 언약을 네 입에 두느냐 네가 교훈을 미워하고 내 말을 네 뒤로 던지느니라"시 50:16-17. 그들은 하나님의 말씀을 믿는다고 고백하고 심지어 그 말씀을 전하기도 하지만, 그들 안에 있는 빛이 아주 어두운 사람들이다. 그들은 눈이 가려져서, 하나님을 정말 하나님으로 보지 않고 자신을 보듯 한다.

예수님은 거룩한 경외심이 부족하여 우리의 인식이 어두워지거나 베일에 가려지면, 이 어두움이 실제로 진리를 보거나 듣지 못한 사람들을 덮고 있는 어두움보다 더 클 것이라고 말씀하시는 것이다유 1:12-13, 눅 12:47-48 참조.

우리의 구원을 '이루는' 과정

베드로는 하나님이 우리에게 이렇게 권면하신다고 말한다. "이로써 그 보배롭고 지극히 큰 약속을 우리에게 주사 이 약속으로 말미암아 너희가 정욕 때문에 세상에서 썩어질 것을 피하여 신성한 성품에 참여하는 자가 되게 하려 하셨다"벧후 1:4. 신성한 성품에 참여하는 자가 되게 하려 하신다니, 얼마나 큰 약속인가!

그는 이 약속이 어떤 조건이 충족될 때 점진적으로 이루어질 것이라고 말한다. "어두운 데를 비추는 등불과 같으니 날이 새어 샛별이 너희 마음에 떠오르기까지 너희가 이것을 주의하는 것이 옳으니라"19절고 했기 때문이다. 즉 조건은 보배롭고 지극히 큰 약속에 주의하는 것이다. 그리고 점진적인 과정은, 우리가 떨리는 마음으로 순종할 때 하나님의 영광의 빛이 점점 더 커지는 것이다. 그것은 새벽녘의 희미한 빛으로 시작되어 태양이 온전히 밝게 비출 때까지 영광에서 영광으로 계속된다. 잠언 4장 18절은 말한다. "의인의 길은 돋는 햇살 같아서 크게 빛나 한낮의 광명에 이르거니와."

한낮에 우리는 해처럼 영원히 빛날 것이다마 13:43. 우리는 하나님의 영광을 반사하는 것이 아니라 직접 그 영광의 빛을 발할 것이다. 할렐루야!

하나님의 계시된 말씀의 거울로 하나님의 영광을 볼 때, 우리는 "그와 같은 형상으로 변화하여 영광에서 영광에 이른다." 이것이 성경에서 말하는 우리의 구원을 '이루는' 과정이다. 바울은 빌립보 교인들에게 이에 대한 구체적인 지침을 주었다. 그의 지침들을 읽으며, 이와 똑같은 지침을 이스라엘이 주의 깊게 들었다면 광야에서 멸망하는 불행을 면할 수 있지 않았을까 생각해 본다.

> "그러므로 나의 사랑하는 자들아 너희가 나 있을 때뿐 아니라 더욱 지금 나 없을 때에도 항상 복종하여 두렵고 떨림으로 너희 구원을 이루라 너희 안에서 행하시는 이는 하나님이시니 자기의 기쁘신 뜻을 위하여 너희에게 소원을 두고 행하게 하시나니"빌 2:12-13.

이 편지는 바울이 빌립보 교인들에게 쓴 것이지만, 또한 주님이 우리에게 보내신 편지일 수도 있다. 모든 성경은 성령의 감동으로 쓰여진 것이므로 사사로이 해석해선 안 된다. 우리는 이 구절을 하나님이 우리에게 개인적으로 하신 말씀처럼 읽어야 한다. 이런 관점에서 빌립보서 2장 12-13절을 다시 한 번 읽어 보자.

이 구절은 하나님의 임재 안에 있을 때뿐 아니라 그렇지 않을 때도 하나님을 경외하는 마음이 그분께 순종하려는 마음을 강하게 해준다는 것을 설명해 준다. 성경은 하나님의 임재에 대한 두 가지 면을 보여 준다. 첫째는 하나님의 편재성^{omnipresence}이다. 쉽게 말해, 하나님은 어디에나 계신다는 것이다. 다윗은 그것을 이렇게 묘사했다. "내가 주의 영을 떠나 어디로 가며 주의 앞에서 어디로 피하리이까 내가 하늘에 올라갈지라도 거기 계시며 스올에 내 자리를 펼지라도 거기 계시니이다"시 139:7-8. 하나님은 우리를 버리지 않고 떠나지 않으시겠다고 약속하셨다히 13:5.

둘째, 우리가 눈으로 볼 수 있는 하나님의 명백한 임재가 있다. 이 자연적인 세상에서 하나님의 임재가 우리에게 실제로 다가오는 것이다. 때로는 예배를 드리는 동안 하나님의 사랑을 느낀다. 경배하면서 하나님의 따스한 온기를 느낀다. 기도하면서 하나님의 힘을 느낀다. 이렇게 기도가 응답되고, 하나님의 약속이 이루어지고, 기쁨이 충만할 때는 하나님께 순종하기가 쉽다. 그러나 하나님을 경외하는 사람은 우리를 격려해 주는 하나님의 명백한 임재가 나타나지 않는 힘든 시간에도 순종할 것이다.

상황에 관계없이 하나님을 경외한 사람

아브라함의 증손자인 요셉을 생각해 보자. 꿈에서 하나님은 요셉이 그의 형들까지도 다스리는 훌륭한 지도자가 될 거라는 사실을 보여 주셨다! 그러나 이 약속을 받자마자 무슨 일이 일어났는가? 요셉이 장차 다스리게 될 그 형들이 어느 날 질투심에 불타 그를 구덩이에 던져 버렸다. 오늘날 많은 사람들이 깜짝 놀라 이렇게 물을 것이다. "하나님이 어떻게 이런 일이 일어나도록 내버려 두실 수 있죠? 그 꿈은 그냥 호기심만 자극하는 것이었나요?" 처음에 큰 충격을 받았던 사람들은 이제 하나님께 분노하게 된다. 그들의 분노는 거룩한 경외심이 없음을 나타내는 또 하나의 증거다! 그러나 어디에도 요셉이 불평했다는 기록은 찾아볼 수 없다.

이 형제들이 다시 요셉을 외국에 노예로 팔아넘겼다. 요셉은 우상 숭배자인 보디발의 집에서 10년 넘게 일했다. 10년! 생각해 보라! 하루하루 지날수록 하나님에게서 받은 꿈은 점점 더 멀어지고 무익해져 가는 것만 같았을 것이다. 오늘날 우리 같으면 하나님께 이의를 제기하고도 남았을 것이다. 벌써 포기했을지도 모른다! 그러나 여전히 요셉이 불평했다는 증거는 찾아볼 수 없다. 그는 희망을 버리지도, 꿈을 잊어버리지도, 낙심에 빠지지도 않았다. 그는 하나님을 경외했다.

반대로, 이스라엘 백성들은 투덜대며 항의했다. 요셉의 인내심은 10년의 노예 생활도 견뎌 냈지만, 이스라엘 백성들의 인내심은 겨우 몇 달 만에 시들어 버렸다. 오늘날 많은 사람들이 몇 주 안에 기도가 응답되지 않으면 불평한다. 요셉의 태도와 얼마나 천지차이인가?

요셉은 자기가 알고 사랑했던 유일한 나라에서 아주 멀리 떨어진 이교도 땅에 홀로 버려졌다. 신자들과의 교제도 없었다. 속마음을 털어놓을 형제도 없었다. 이 고독한 상태에서, 주인의 아내가 요셉을 유혹해 왔다. 아름다운 실크 옷을 입고 가장 매혹적인 애굽의 향수를 뿌린 보디발의 아내가 매일 요셉에게 자기와 같이 눕자고 청해 왔다.

나는 이때 요셉이 하나님에 대한 경외심을 표현한 방식이 정말 마음에 든다.

그는 비록 힘든 일을 겪고 실망하기도 했지만, 보디발의 아내에게 넘어가지 않았다. 만일 그가 경건한 경외심을 잃고 하나님께 불쾌한 감정을 나타냈다면, 유혹을 뿌리칠 힘이 없었을 것이다. 그러나 그는 보디발의 아내를 단호하게 뿌리쳤다. "내가 어찌 이 큰 악을 행하여 하나님께 죄를 지으리이까?창 39:9" 하고 말이다.

요셉은 하나님께 순종함으로써 바로의 감옥에 갇히게 되었다. 이런 상황에서도 변함없이 하나님을 신뢰하고 순종하기로 택할 사람이 얼마나 될까? 아마 많은 사람들이 원망하여 죽음에 이르는 쪽을 택했을 것이다히 12:15 참조. 요셉은 2년 넘게 감옥에서 지냈다. 그러나 여전히 그가 불평했다거나 실망했다는 증거를 찾을 수 없다. 그 어두운 감옥 안에서 쇠사슬에 묶여 있으면서도 요셉은 변함없이 하나님을 경외했다! 실망감 때문에 하나님으로부터 마음을 돌리지 않았다.

무엇보다도 감동적인 것은, 그 슬픈 현실 속에서도 요셉이 동료 죄수들을 섬겼다는 것이다. 힘든 기간에 요셉은 그들을 위로했고, 그들의 꿈을 해석해 주며 여호와에 대해 이야기해 주었다.

경외심이 없으면 불평이 나온다

그런데 요셉의 후손들은 매우 달랐다. 그들은 자신들의 소원이 이루어지고 하나님이 그들을 위해 강한 능력을 나타내실 때는 순종했다. 그러나 실망하거나 버림받았다고 느껴질 때면 곧 바로 불순종에 빠지곤 했다. 그 첫 번째 징후는 항상 불평의 형태로 나타났다.

보통 하나님을 원망하는 사람들은 직접 하나님께 대항할 만큼 어리석지 않다. 대신, 하나님의 말씀이나 리더십에 반항한다. 이스라엘 자손들은 그들의 지도자들에 대해 불평했지만, 모세는 "너희의 원망은 우리를 향하여 함이 아니요 여호와를 향하여 함이로다"출 16:8라고 대답했다.

불평은 죽이는 것이다. 그것은 다른 어떤 것보다 빨리 당신 안에서 하나님의 생명을 끊어 버릴 것이다! 불평은 하나님께 간접적으로 이렇게 말하는 것이다. "저는 하나님이 제 삶 속에서 하시는 일이 마음에 들지 않아요. 제가 하나님이라면 그렇게 하지 않았을 거예요." 불평은 하나님의 권위에 대한 반항을 나타낼 뿐이다. 그것은 매우 불손한 행위다! 하나님은 그것을 싫어하신다! 요셉은 하나님을 경외했기에 어떤 상황에 처하든지 절대 불평하지 않았다. 그것이 하나님께서 우리에게 다음과 같이 권고하시는 이유다.

"두렵고 떨림으로 너희 구원을 이루라 너희 안에서 행하시는 이는 하나님이시니 자기의 기쁘신 뜻을 위하여 너희에게 소원을 두고 행하게 하시나니 모든 일을 원망과 시비가 없이 하라"빌 2:12-14.

하나님은 불평이 우리 마음속에 뿌리 내리지 말게 하라고 엄중히 경고하신다. 우리는 불평의 맹공격에 속수무책으로 당하고 있어선 안 된다. 하나님을 경외하는 마음이 우리를 강하게 하여, 그 죽이는 자가 우리 안에 들어오지 못하게 해줄 것이다. 잠언 말씀이 이를 확증해 준다.

"여호와를 경외하는 것은 생명의 샘이니 사망의 그물에서 벗어나게 하느니라"잠 14:27.

요셉은 20년 넘게 영적인 광야에서 살았다. 자기 뜻대로 되는 것이 아무것도 없어 보였다. 그에게 힘을 주고 격려해 주는 것이 아무것도 없었다. 하지만 내면 깊숙한 곳에 물을 길어 올리는 샘이 하나 있었다. 이 샘은 힘들고 메마른 시기에도 하나님께 순종할 수 있는 힘을 주었다. 그것이 바로 하나님을 경외하는 마음이었다!

그 샘에서 길어 올린 생명수 덕분에 증오와 분노, 질투, 원한, 노여움, 그리고 간음의 함정에 빠지지 않을 수 있었다. 다른 사람들이 죄의 덫에 걸려 넘어질 때도, 요셉은 그 덫을 피하여 가장 어두운 시기에도 오히려 다른 사람들을 섬길 수 있었다.

요셉이 그렇게 지혜롭게 행동할 수 있었던 것은 하나님을 경외했기 때문이었다. "여호와를 경외하는 것은 지혜의 훈계라"잠

15:33. 하나님을 경외하는 사람은 지혜롭다. 다니엘은 그것을 이렇게 말한다.

"지혜 있는 자는 궁창의 빛과 같이 빛날 것이요 많은 사람을 옳은 데로 돌아오게 한 자는 별과 같이 영원토록 빛나리라" 단 12:3.

요셉은 자신을 내려놓고 가장 어두운 시기에도 하나님의 신실하심을 선포함으로써 궁극적인 마음의 시험을 통과했다. 그 후 얼마 안 있어, 요셉의 지혜는 그를 애굽에서 가장 빛나게 해주었다. 그의 미덕은 더 이상 감춰져 있지 않고 이방 나라 전역에 드러났다.

흥미로운 사실은, 요셉이 감옥에 있는 동안 보인 행동과 동료 죄수들에 대한 태도가 결국 그를 더 높아지게 만들었다는 것이다. 창세기 40장에 보면, 바로의 술 맡은 관원장과 떡 굽는 관원장이 죄수들 가운데 있었다. 둘 다 꿈을 꾸었는데, 그 꿈을 요셉이 해석해 주었다. 술 맡은 관원장에게는 그 꿈의 의미를 이렇게 설명해 주었다.

"그 해석이 이러하니 세 가지는 사흘이라 지금부터 사흘 안에 바로가 당신의 머리를 들고 당신의 전직을 회복시키리니 당신이 그 전에 술 맡은 자가 되었을 때에 하던 것 같이 바로의 잔을 그의 손에 드리게 되리이다" 창 40:12-13.

하지만 떡 굽는 관원장이 꾼 꿈의 해석은 좋지 않았다.

"요셉이 대답하여 이르되 그 해석은 이러하니 세 광주리는 사흘이라 지금부터 사흘 안에 바로가 당신의 머리를 들고 당신을 나무에 달리니 새들이 당신의 고기를 뜯어 먹으리이다 하더니"창 40:18-19.

요셉의 마음에 하나님을 향한 조금의 불만이라도 있었다면, 술 맡은 관원장이나 떡 굽는 관원장을 도와주지 않았을 것이다. 그런데 요셉이 그들을 도와주지 않았다면, 아마 요셉은 죽을 때까지 감옥에 갇혀 지냈을지도 모른다. 어쩌면 마지막 순간까지 하나님이 신실하시지 않은 것 같다고 투덜거렸을지도 모른다. 실상은 자신에게 거룩한 경외심이 없어서 하나님의 약속이 이루어지지 못한 것인데 말이다.

그러나 신실하신 하나님은 요셉을 감옥에서 내보내 주셨다. 정해진 때가 되자, 바로가 직접 요셉을 불러 꿈을 해석해 달라고 했다. 요셉을 추천한 사람은 다름 아닌 술 맡은 관원장이었다. 그리고 하나님을 경외한 한 사람, 요셉 덕분에 온 나라가 기근을 면하게 되었다.

오늘날 교회는 하나님을 경외하지 않는 모습을 드러냈다. 따라서 우리는 궁지에 처한 나라 앞에서 빛나는 별들이기보다는 오히려 비난의 대상이 되고 있다. 우리의 죄악들이 매스컴을 통해 보도되는 일이 잦아졌고, 신자로서 위신을 잃어버렸다. 요셉에게서 볼 수 있는 신실함과 하나님을 경외하는 모습을 나타내지 못한 것이다. 하나님께서 부디 은혜로 우리를 도와주시길 바란다!

우리는 바라보는 형상대로 변화한다

욥도 큰 고난을 당한 사람이었다. 그 또한 혹독한 시험을 받았다. 자기에게 닥친 그 모든 일들을 이해하려고 애써 보았지만 절망에 빠지고 말았다. 친구들이 찾아와 조언했지만, 아무 도움도 되지 않고 오히려 그에게 혼란만 더해 줄 뿐이었다. 욥은 지혜를 구했으나, 지혜는 그를 교묘히 피해 갔다. 욥과 친구들이 하나님의 뜻을 이해하려고 헛되이 노력하는 동안, 하나님은 침묵하고 계셨다. 그들이 선택할 수 있는 대안이 다 없어질 때까지 기다리신 것이다. 하나님은 엘리후라는 지혜로운 설교자를 보내셨다. 그러나 그 후에 욥에게 이렇게 말씀하셨다.

> "그 때에 여호와께서 폭풍우 가운데에서 욥에게 말씀하여 이르시되 무지한 말로 생각을 어둡게 하는 자가 누구냐 너는 대장부처럼 허리를 묶고 내가 네게 묻는 것을 대답할지니라 내가 땅의 기초를 놓을 때에 네가 어디 있었느냐 네가 깨달아 알았거든 말할지니라" 욥 38:1-4.

하나님이 계속 말씀하시니, 마침내 욥은 하나님의 두려운 지혜와 지식과 힘에 완전히 압도된다. 욥은 거룩한 경외심에 사로잡혀 이렇게 외친다.

> "주께서는 못 하실 일이 없사오며 무슨 계획이든지 못 이루실 것이 없

는 줄 아오니 무지한 말로 이치를 가리는 자가 누구니이까 나는 깨닫지도 못한 일을 말하였고 스스로 알 수도 없고 헤아리기도 어려운 일을 말하였나이다 내가 말하겠사오니 주는 들으시고 내가 주께 묻겠사오니 주여 내게 알게 하옵소서 내가 주께 대하여 귀로 듣기만 하였사오나 이제는 눈으로 주를 뵈옵나이다 그러므로 내가 스스로 거두어들이고 티끌과 재 가운데에서 회개하나이다" 욥 42:2-6.

욥은 하나님을 경외했다. 하나님을 보았고, 변화되었다. 육신의 고통과 상실은 줄어들지 않았으나, 거룩한 경외심은 점점 더 커져 갔다. 그 경외심에 욥에게 필요한 지혜가 담겨 있었다. 요셉이 고통과 상처 속에서도 다른 사람들을 도왔던 것처럼, 욥도 다른 사람들을 섬기는 사람이 되었다.

"욥이 그의 친구들을 위하여 기도할 때 여호와께서 욥의 곤경을 돌이키시고 여호와께서 욥에게 이전 모든 소유보다 갑절이나 주신지라…욥이 늙어 나이가 차서 죽었더라" 욥 42:10, 17.

욥은 전보다 더 큰 지혜와 능력으로 빛을 발했다. 그의 고통과 지혜는 오늘날까지도 많은 교훈을 준다. 이제 우리는 하나님이 우리에게 다음과 같이 강력하게 도전하시는 이유를 알 수 있다.

"이는 너희가 흠이 없고 순전하여 어그러지고 거스르는 세대 가운데서 하나님의 흠 없는 자녀로 세상에서 그들 가운데 빛들로 나타내며 생명의 말씀을 밝혀"빌 2:15-16.

하나님을 경외할 때, 우리 마음은 숨김없이 드러난다. 하나님의 영광을 바라볼 때, 우리는 우리가 바라보는 형상으로 변화된다. 하나님께 영원히 영광을 돌리라! 하나님을 경외하는 우리는 계속해서 하나님의 형상을 닮아가, 마침내 어두운 세상에서 밝은 빛을 비추게 된다. 이는 하나님의 신실한 교회가 마지막 때에 나타내게 될 두려운 영광을 묘사하는 것이다.

앞 장에서, 어떻게 이 변화가 점진적으로 확대되어 마침내 죄인들이 우리의 빛을 보고 그리스도께 이끌릴 정도로 우리 안에 있는 하나님의 영광이 강력하게 나타날 것인지 이야기한 바 있다. 이사야의 말을 다시 살펴보자.

"일어나라 빛을 발하라 이는 네 빛이 이르렀고 여호와의 영광이 네 위에 임하였음이니라 보라 어둠이 땅을 덮을 것이며 캄캄함이 만민을 가리려니와 오직 여호와께서 네 위에 임하실 것이며 그의 영광이 네 위에 나타나리니 나라들은 네 빛으로, 왕들은 비치는 네 광명으로 나아오리라"사 60:1-3.

하나님은 이 땅에서 그의 영광을 나타내실 것이다. 이미 그 일을 어떻게 하실 것인지 말씀해 주셨다. "내가 내 영광의 집을 영화롭게 하리라" 사 60:7. 하나님의 영광의 집은 곧 하나님의 백성들, 하나님의 성전, 하나님을 경외하고 사랑하는 사람들을 말한다. 스가랴는 하나님의 영광이 그분의 백성들에게 나타나리라는 것을 예견하고 이렇게 말했다.

> "만군의 여호와가 이와 같이 말하노라 그 날에는 말이 다른 이방 백성 열 명이 유다 사람 하나의 옷자락을 잡을 것이라 곧 잡고 말하기를 하나님이 너희와 함께 하심을 들었나니 우리가 너희와 함께 가려 하노라 하리라 하시니라" 슥 8:23.

스가랴는 우리 시대를 내다보고, 그것을 자신의 말로 묘사했다. 우리가 이러한 날에 속히 다가가고 있다는 것이 얼마나 흥분되는 일인가! 할렐루야!

THE FEAR OF THE LORD

경외하는 사람에게 약속된 복

마음이 정결한 사람만이 하나님과 친구가 된다.
하나님을 경외함이 우리로 하나님의 은혜를
헛되이 받지 않게 해주는 것이다.

> 여호와의 친밀하심이 그를 경외하는 자들에게 있음이여
> 그의 언약을 그들에게 보이시리로다 시 25:14.

마지막으로 이 장에서 우리는 하나님을 경외하는 삶에 있어 가장 흥미진진한 면을 살펴보고자 한다. 이것은 하나님을 경외하는 사람들을 위해 준비된 보물이며, 모든 참된 신자들이 마음으로 갈망하는 것이다. 세상을 창조하신 동기이자 우리를 구속하신 목적도 바로 여기에 있다.

하나님을 친밀하게 알고 사랑하며 동행하는 것, 그리고 여호와를 경외하는 것이 하나님과의 친밀한 관계의 근본이자 출발점이다.

"여호와의 친밀하심이 그를 경외하는 자들에게 있음이여" 시 25:14.

친밀함은 상호적 관계에서 오는 것이다. 하나님은 우리가 그분을 경외하기 전까지는 그분을 친밀하게 알아갈 수 없다고 하셨다. 다시 말하면, 우리 마음속에 하나님에 대한 경외심이 확고히 자

리 잡기 전까지는 하나님과의 친밀한 관계와 우정이 절대 싹트지 않는다.

하나님의 두 친구 이야기

하나님은 성경에서 두 사람을 '친구'라고 부르셨다. 다른 친구들은 없었다는 말이 아니다. 다만 하나님이 특별히 이 두 사람을 인정하셔서, 의도적으로 그들과의 우정에 대해 기록하게 하신 것이다. 하나님이 이렇게 하신 것은 우리가 은혜를 받은 후에, 하나님이 친구에게서 무엇을 찾으시는가에 대한 통찰을 얻게 하려는 것이라고 믿는다.

하나님의 첫 번째 친구는 아브라함이다. 아브라함은 '주의 벗'으로 불렸다대하 20:7, 개역한글. 아브라함이 75세였을 때, 하나님이 아브라함에게 오셔서 언약을 맺으셨다. 이 언약 속에서 하나님은 아브라함의 소원인 아들을 주겠다고 약속하셨다. 그런데 이 아들이 태어나기 전에 아브라함은 몇 가지 실수를 했다. 그 중에는 아주 심각한 실수도 있었다.

그러나 그 모든 일들을 통해 아브라함은 하나님을 믿고 순종했으며 하나님이 약속하신 것을 모두 이루신다는 사실을 온전히 확신하게 되었다.

아브라함이 99세였을 때, 그의 아내가 임신을 하여 약속의 아들인 이삭이 태어났다! 그토록 오랜 세월을 기다린 아브라함과 사라가 얼마나 기뻐했을지 상상이 가는가? 그들이 이 약속의 아들을 얼마나 사랑했을지 상상이 가는가?

시간이 흐를수록 이 아버지와 아들의 관계는 매우 친밀해졌다. 아브라함에게 이 아이의 목숨은 자기 목숨보다 더 귀중했다. 그의 엄청난 재산도 이 아들이 주는 기쁨에 비하면 아무것도 아니었다. 아브라함에게 하나님이 주신 이 귀한 아들보다 더 중요한 것은 아무것도 없었다.

> "그 일 후에 하나님이 아브라함을 시험하시려고 그를 부르시되 아브라함아 하시니 그가 가로되 내가 여기 있나이다 여호와께서 가라사대 네 아들 네 사랑하는 독자 이삭을 데리고 모리아 땅으로 가서 내가 네게 지시하는 한 산 거기서 그를 번제로 드리라" 창 22:1-2.

아브라함이 이 말을 듣고 얼마나 충격을 받았을지 상상할 수 있겠는가? 그는 하나님이 자신에게 그렇게 힘든 일을 요구하실 줄은 꿈에도 몰랐을 것이다. 너무 놀라 기절할 지경이었다. 이 귀한 아들을 얻기 위해 그토록 오랜 세월을 기다려 왔는데, 하나님은 아브라함의 생명보다도 더 귀한 것을 요구하셨다. 도저히 납득할 수 없는 일이었다.

그러나 아브라함은 하나님이 실수하지 않으시는 분이라는 것을 알고 있었다. 분명히 말씀하신 것은 절대 취소하시는 법이 없었다. 하나님과 언약을 맺은 사람으로서 선택은 두 가지뿐이었다. 즉 언약을 지키거나 깨는 것이었다. 이 믿음의 사람에게 언약을 깨는 것은 생각할 수도 없는 일이었다. 그는 거룩한 경외심에 푹 빠져 있었기 때문이다.

우리는 그것이 시험이었다는 것을 알고 있지만, 아브라함은 몰랐다. 우리는 반대편에 서서 보기 전까지는 하나님이 우리를 시험하고 계신다는 것을 알 수가 없다. 대학 시험에서는 부정행위를 할 수 있어도, 하나님이 주시는 시험에서는 아무도 부정행위를 할 수 없다.

만일 아브라함의 후손들이 시내산 기슭 광야에서 하나님이 행하고 계신 일의 결과를 알았더라면 다르게 반응했을 것이다. 그런데 아브라함은 당시에 그런 것을 알지 못했다.

언젠가 하나님이 내게 어떤 것을 포기하라고 하신 적이 있었다. 나는 그것을 하나님이 내게 주셨다고 생각했었다. 그것은 내게 다른 어떤 것보다도 귀한 것이었고, 몇 년 동안 간절히 바라던 것이었다. 내가 극진히 사랑하는, 매우 유명한 복음전도자를 돕는 일이었다.

아내와 나는 이 사역자와 그의 아내를 보좌하는 간부직을 제안받았다. 나는 이분을 매우 사랑했을 뿐 아니라, 하나님이 내 마음 깊숙한 곳에 심어 두신 꿈을 이룰 수 있는 하나님의 기회라 여겼다. 그 꿈은 세계 여러 나라에 복음을 전하는 꿈이었다.

당연히 하나님께서 이 멋진 제안을 수락하라고 하실 줄 알았다. 그런데 너무도 분명하게 거절하라고 말씀하셨다. 나는 이 제안을 거절한 후 며칠을 울었다. 하나님께 순종했다는 것은 알았지만, 왜 하나님이 내게 그렇게 힘든 일을 요구하셨는지 이해할 수 없었다. 몇 주일을 방황하다가 마침내 나는 하나님께 부르짖었다. "하나님, 왜 제게 이것을 내려놓게 하신 겁니까?"

하나님은 나의 부르짖음에 속히 응답하셨다. "네가 나를 섬기는지, 그 꿈을 섬기는지 알아보려는 것이다."

그때서야 내가 시험받았다는 사실을 이해하게 되었다. 시험 중에 있을 때는 하나님이 무슨 일을 하고 계시는지 전혀 깨닫지 못했다. 그러나 내가 내 뜻대로 하지 않을 수 있었던 것은 바로 하나님을 향한 사랑과 경외심 때문이었다.

경외하는 자에게 비밀을 보여 주신다

하나님의 가장 어려운 명령에 대한 아브라함의 반응이 정말 마음에 든다. "아브라함이 아침에 일찍이 일어나"창 22:3. 그는 그 문제로 사라와 의논하지 않았다. 조금도 망설이지 않았다. 하나님께 순종하기로 결정했다. 아브라함에게는 약속으로 받은 아들 이삭보다 더 귀중한 것이 딱 두 가지 있었다. 바로 하나님을 향한 사랑과 경외심이었다. 그는 다른 무엇보다도 하나님을 사랑하고 경외했다.

하나님은 아브라함에게 3일간의 여행을 명령하셨다. 이것은 하나님이 명령하신 일에 대해 깊이 생각할 시간을 주신 것이다. 만일 아브라함의 마음속에 조금이라도 흔들림이 있었다면 이 기간에 드러났을 것이다. 아브라함과 이삭이 정해진 예배 장소에 도착했을 때, 아브라함은 제단을 쌓고 그 아들을 결박해 제단 위에 올려놓은 후 칼을 잡았다. 이삭의 목 위로 칼을 들었다.

바로 이때, 하나님이 그 순종의 행위를 중단시키시고 천사를 통해 말씀하셨다. "아이에게 네 손을 대지 말라 그에게 아무 일도 하지 말라 네가 네 아들 네 독자까지도 내게 아끼지 아니하였으니 내가 이제야 네가 하나님을 경외하는 줄을 아노라"창 22:12.

아브라함은 하나님이 원하시는 일을 자기가 원하는 일보다 훨씬 더 중요하게 여김으로써 그의 경외심을 입증해 보였다. 하나님은 아브라함이 이 시험을 통과하면 모든 시험을 통과하리라는 것을 아셨다.

> "아브라함이 눈을 들어 살펴본즉 한 숫양이 뒤에 있는데 뿔이 수풀에 걸려 있는지라 아브라함이 가서 그 숫양을 가져다가 아들을 대신하여 번제로 드렸더라 아브라함이 그 땅 이름을 여호와 이레라 하였으므로 오늘날까지 사람들이 이르기를 여호와의 산에서 준비되리라 하더라"창 22:13-14.

이 시험이 끝났을 때, 하나님은 자신의 새로운 면을 아브라함에게 보여 주셨다. 바로 여호와 이레의 하나님을 보여 주신 것이다.

하나님의 이 속성은 "여호와께서 보고 계신다"는 것을 의미한다. 아담 이후로 이런 식으로 하나님을 알게 된 사람이 없었다. 하나님은 그분의 친구가 된 이 겸손한 사람에게 자신의 마음을 보여 주셨다. 다른 사람들에게는 아직 '비밀'이었던 하나님의 마음과 속성을 아브라함에게 보여 주신 것이다.

그러나 아브라함이 거룩한 경외심의 시험을 통과하기 전까지는 하나님이 '여호와 이레'의 하나님이심을 드러내지 않으셨다는 것을 기억해야 한다.

많은 사람들이 하나님의 성품의 다양한 특성들을 안다고 주장하지만, 그렇게 힘든 상황에서 하나님께 순종한 적이 없다. "여호와 이레, 내 쓸 것을 채워 주시는 분, 그의 은혜가 내게 족하도다"라고 찬양할 수는 있다. 그러나 그와 같은 순종을 통해 하나님을 알게 되기 전까지는 그냥 노래에 불과하다. 하나님의 순종의 시험을 통과하기 전에는, 그런 말들이 마음에서 나오는 것이 아니라 머리에서 나오는 것일 뿐이다. 위험을 무릅쓰고 거칠고 메마른 순종의 광야로 들어갈 때, 여호와 이레요 친구 되신 하나님을 볼 수 있을 것이다^{사 35:1-2}.

"우리 조상 아브라함이 그 아들 이삭을 제단에 바칠 때에 행함으로 의롭다 하심을 받은 것이 아니냐 네가 보거니와 믿음이 그의 행함과 함께 일하고 행함으로 믿음이 온전하게 되었느니라 이에 성경에 이른 바 아브라함이 하나님을 믿으니 이것을 의로 여기셨다는 말씀이 이루어졌고 그는 하나님의 벗이라 칭함을 받았나니"약 2:21-23.

아브라함이 합당한 행위로 의롭다 하심을 받았다는 사실을 주목하라. 그의 거룩한 경외심과 사랑의 증거는 바로 순종이었다. 하나님을 '경외하는' 것은 하나님을 '믿는' 것이다. 하나님을 '믿는' 것은 하나님께 '순종하는' 것이다. 야고보는 아브라함이 하나님을 향한 거룩한 경외심으로 순종하여 하나님의 친구가 되었음을 지적했다. 하나님은 그것을 분명히 보여 주셨다.

"여호와의 친밀하심이 그를 경외하는 자들에게 있음이여 그의 언약을 그들에게 보이시리로다"시 25:14.

이보다 더 분명할 수는 없다! 이 시편 25편 14절을 다시 읽고 마음속에 잘 새겨 두라. 왜 오늘날 교회에는 깊이 없는 설교들만 난무할까? 왜 오늘날 그리스도인들에게는 선조들 같은 신앙의 깊이가 없을까? 그것은 교회 안에 점점 퍼져 가는 병 때문이다. 바로 '하나님을 경외하는 마음의 부재'라고 하는 바이러스다!

하나님은 그를 경외하는 자들에게 자신의 비밀을 보여 주신다고 말씀하셨다. 당신은 마음속 비밀을 누구에게 털어놓는가? 그냥 아는 사람들에게 말하는가, 아니면 절친한 친구들에게 말하는가? 당연히 절친한 친구들일 것이다. 그냥 아는 사람들에게는 마음 놓고 비밀을 털어놓을 수 없다. 하나님도 마찬가지시다. 오로지 하나님을 경외하는 자들에게만 그분의 마음을 보여 주신다.

경외하는 사람만 아는 하나님의 일하심

하나님이 친구라고 부르신 사람이 또 한 사람 있다. 바로 모세다. 모세는 하나님의 행위를 아는 사람이었다. 출애굽기 33장 11절은 "사람이 자기의 친구와 이야기함같이 여호와께서는 모세와 대면하여 말씀하시며"라고 했다. 모세는 하나님을 경외했기 때문에 하나님과 대면할 수 있었고, 그래서 하나님과 아주 친밀하게 대화를 나눌 수 있었다. 그 결과는 다음과 같았다.

> "그의 행위를 모세에게, 그의 행사를 이스라엘 자손에게 알리셨도다" 시 103:7.

이스라엘은 하나님을 경외하지 않았기 때문에 하나님과 친밀한 대화를 나눌 수 없었다. 하나님의 행위와 언약의 비밀들이 이스라엘 자손들에게는 보여지지 않았다. 그들은 그저 내가 미국 대통령을 아는 수준으로 하나님을 알았을 뿐이다. 나는 기껏해야 대통령의 업적이나 행위 정도를 알 뿐이다. 이스라엘 백성들은 감춰진 하나님의 언약을 깊이 알지 못했다. 하나님의 동기나 의도, 그 마음의 소원들을 이해하지 못했다.

이스라엘은 그저 자연 세상에 나타난 하나님의 성품을 인지하는 정도였다. 그래서 종종 자기들이 원하는 것을 얻지 못하면, 하나님의 뜻을 '거절'이나 '보류'로 오해하곤 했다. 단지 하나님이 자연

세계에서 행하시는 일을 관찰함으로써 하나님을 안다는 것은 불가능하다. 그것은 마치 매스컴의 보도를 통해서만 어떤 유명인을 아는 것과 같다.

하나님은 영이시기에, 이 세상 지혜로는 그분의 행위를 알 수 없다요 4:24, 고전 2:6-8. 하나님은 오직 그분을 경외하는 자들에게만 자신을 드러내신다. 이스라엘 자손들은 하나님이 행하시는 모든 일의 배후에 있는 지혜를 보거나 깨닫지 못했다. 따라서 그들은 계속해서 하나님과 보조를 맞추지 못했다.

모세는 꽤 자주 하나님이 어떤 일을 하시는 '이유'를 알았다. 성경은 이러한 통찰을 '지각'이라고 묘사한다. 사실, 모세는 하나님이 어떤 일을 행하시기 전에 무슨 일을 하실지 미리 알았던 적이 많다. 하나님이 미리 그에게 계시해 주셨기 때문이다. 성경은 이것을 '지혜'라고 말한다. 시편 기자의 말을 들어 보자.

> "여호와를 경외함이 지혜의 근본이라 그의 계명을 지키는 자는 다 훌륭한 지각을 가진 자이니"시 111:10.

하나님을 경외한다는 것은, 우리에게 이득이 되지 않아 보일 때도 하나님께 순종하는 것이다. 우리가 하나님을 경외할 때, 하나님은 우리를 친구라 불러 주시며 그 마음의 동기나 의도, 소원을 보여 주신다. 따라서 우리는 하나님이 행하시는 일들뿐 아니라 일을 행하시는 방법들까지 알게 된다. 예수님이 마지막 만찬 자리에서

가룟 유다가 떠난 후 제자들에게 하신 말씀을 잘 들어 보자.

> "너희는 내가 명하는 대로 행하면 곧 나의 친구라 이제부터는 너희를 종이라 하지 아니하리니 종은 주인이 하는 것을 알지 못함이라 너희를 친구라 하였노니 내가 내 아버지께 들은 것을 다 너희에게 알게 하였음이라" 요 15:14-15.

예수님과 친구가 될 거라고 약속하신다. 그러나 이러한 친구 관계가 되기 위한 명백한 조건이 있다. 그 조건은 바로 이것이다.

> "너희는 내가 명하는 대로 행하면…" 요 15:14.

시편 기자의 말에 의하면, 이러한 하나님과의 친밀한 관계는 '그를 경외하는 자들', 즉 하나님의 말씀에 무조건 순종하는 자들을 위해 예비된 것이다.

주님은 "이제부터는 너희를 종이라 하지 아니하리니"라고 말씀하셨다. 그의 제자들은 3년 반 동안 신실한 종들임을 입증해 보였다. 다른 제자들이 떠날 때도 예수님 곁에 남아 있던 자들이다 요 6:66. 한때는 예수님이 그들을 종으로만 대하실 때가 있었다. 이는 아브라함과 모세의 경우처럼 시험을 받는 기간이었다.

그런데 이제 새로운 시험이 시작되었다. 주님의 말씀은 예언적인 의미가 있었다. 시험은 다락방에서 제자들의 확고한 순종으로 끝날 것이다. 하나님의 질서가 확립될 것이다. 그 다락방에서 각 사람의 마음속에 무엇이 있는지 드러날 것이다.

예수님은 말씀하셨다. "종은 주인이 하는 것을 알지 못함이라 너희를 친구라 하였노니 내가 내 아버지께 들은 것을 다 너희(하나님을 경외하는 내 친구들)에게 알게 하였음이라." 하나님의 친구들은 이 통찰의 은사를 갖게 될 것이다. 하나님은 친구들에게 그의 계획들을 알려 주시기 때문이다.

하나님은 친구에게 계획들을 알려 주신다

하나님은 친구들에게 마음의 동기와 의도들을 알려 주신다. 그분의 계획들을 그들과 의논하시며, 심지어 비밀을 털어놓기도 하신다.

"여호와께서 이르시되 내가 하려는 것을 아브라함에게 숨기겠느냐" 창 18:17.

하나님은 아브라함 앞에서 그분과 함께 있던 사자들에게 이 말씀을 하셨다. 그리고 아브라함을 향해 이렇게 말씀하셨다.

"여호와께서 또 이르시되 소돔과 고모라에 대한 부르짖음이 크고 그 죄악이 심히 무거우니 내가 이제 내려가서 그 모든 행한 것이 과연 내게 들린 부르짖음과 같은지 그렇지 않은지 내가 보고 알려 하노라"창 18:20-21.

하나님은 소돔과 고모라에 임박한 심판을 아브라함에게 알려 주셨다. 그러자 아브라함은 중재에 나서서 의인들을 살려 달라고 호소했다.

"그 사람들이 거기서 떠나 소돔으로 향하여 가고 아브라함은 여호와 앞에 그대로 섰더니 아브라함이 가까이 나아가 이르되 주께서 의인을 악인과 함께 멸하려 하시나이까 그 성 중에 의인 오십 명이 있을지라도 주께서 그 곳을 멸하시고 그 오십 의인을 위하여 용서하지 아니하시리이까 주께서 이같이 하사 의인을 악인과 함께 죽이심은 부당하오며 의인과 악인을 같이 하심도 부당하니이다 세상을 심판하시는 이가 정의를 행하실 것이 아니니이까 여호와께서 이르시되 내가 만일 소돔 성읍 가운데에서 의인 오십 명을 찾으면 그들을 위하여 온 지역을 용서하리라"창 18:23-26.

아브라함은 하나님의 심판의 손에서 다른 사람들의 목숨을 건지기 위해 간구했다. 심판을 집행할 권력이 있는 왕이나 재판관에게 그렇게 말할 수 있는 사람은 친구뿐이다. 종이나 신하가 그런 간청을 했다면 무례한 일이었을 것이다.

그러나 아브라함은 실제로 하나님과 협상에 들어갔다. 아브라함은 의인 50명에서 10명까지 내려갔고, 하나님은 그분의 방식대로 소돔과 고모라에서 의인 10명을 찾으셨다. 그러나 그 도시의 사악함에 대한 보고가 사실인 것이 명백해졌다. 둘 중 한 도시에서도 의인 10명을 찾을 수 없었기 때문이다. 하나님은 오직 아브라함의 조카, 롯과 그의 가족을 찾아내셨을 뿐이다.

하나님은 그의 친구, 아브라함에게 앞으로의 계획을 말씀해 주셨다. 하나님이 아브라함에게 속마음을 털어놓으신 것은 아브라함이 하나님을 경외했기 때문이다. 아브라함의 경외심이 그를 하나님의 막역한 친구로 끌어올려 준 것이다.

우리를 세상으로부터 구별되게 하는 것

롯은 의인으로 간주되었으나, 세속적인 사람이었다. 그도 이 사악한 도시들에 사는 다른 사람들처럼 임박한 심판을 알지 못했다. 롯이 의인이었다 하더라도 앞으로 일어날 일에 대해서는 전혀 몰랐던 것이다. 롯은 육적이고 세속적인 그리스도인을 나타낸다. 즉 하나님에 대한 뜨겁고 거룩한 경외심이 없는 사람들을 대표한다. 그들과 하나님의 관계는 스타와 열성팬의 관계와 크게 다를 바 없다.

이것은 롯이 선택한 거주지(소돔과 고모라 주민들 한가운데), 또 그가 택한 아내, 나중에 근친상간을 통해 낳게 된 자식들이 모압과 암

몬 족속인 것을 보면 알 수 있다. 롯은 처음에 가장 좋아 보이는 것을 택했지만, 결국은 현명하지 못한 선택으로 드러났다.

반대로 아브라함은 구별된 삶을 택했다. 그는 하나님이 만드시고 세우신 도시를 찾았다. 롯은 구별된 삶보다 불경한 자들과의 관계를 택했다.

그러자 그들의 불경한 행동들이 그의 의로움을 조금씩 깎아냈다. 결국 롯과 그의 후손들의 삶에는 불경함의 열매가 나타났다. 롯은 하나님이 정하신 기준이 아니라 주변 사회가 정한 기준을 따랐다. 그 결과 "무법한 자들의 음란한 행실로 말미암아 고통당하게" 되었다.

"이는 이 의인이 그들 중에 거하여 날마다 저 불법한 행실을 보고 들음으로 그 의로운 심령이 상함이라" 벧후 2:8.

하나님의 자비와 아브라함과의 우정이 아니었으면, 심판 날이 도둑처럼 롯에게 임했을 것이다. 하나님은 천사 같은 사자들을 보내셨다. 그와 같이 임박한 심판을 전혀 알아차리지 못하는 교회의 육적인 신자들에게도 경고와 함께 예언자들을 보내실 것이다.

심판이 임박한 그 긴급한 상황에서 롯의 아내는 뒤를 돌아보았다. 하나님이 악으로 가득한 그 도시들을 멸망시키실 때 절대 뒤돌아보지 말라는 경고를 미리 들었다. 그러나 롯의 아내는 세상의 영향을 너무도 많이 받아서, 하나님을 경외하는 마음보다 세상에 이

끌리는 힘이 더 강했다. 그래서 예수님이 신약의 신자들에게 "롯의 처를 기억하라"눅 17:32고 경고하시는 것이다.

아브라함은 하나님을 경외했다. 그는 하나님의 친구였다. 하지만 롯은 경외심이 아주 조금밖에 없었다. 그는 임박한 심판을 피해 도망칠 만큼은 하나님에 대한 경외심이 있었으나, 그를 따라오던 사람들에게는 심판이 임했다. 나중에 롯은 하나님의 마음과 뜻을 전혀 모른다는 사실을 드러냈다. 야고보는 신자들에게 단도직입적으로 이렇게 말한다.

"간음한 여인들아 세상과 벗된 것이 하나님과 원수 됨을 알지 못하느냐 그런즉 누구든지 세상과 벗이 되고자 하는 자는 스스로 하나님과 원수 되는 것이니라"약 4:4.

세상을 사랑하면 하나님의 친구가 될 수 없다. 야고보는 아직도 세상과 관계를 맺으려 하는 신자의 상태를 간음한 여인, 하나님의 원수로 묘사한다. 솔로몬은 이렇게 말한다.

"마음의 정결을 사모하는 자의 입술에는 덕이 있으므로 임금이 그의 친구가 되느니라"잠 22:11.

마음이 정결한 사람만이 하나님과 친구가 된다. 우리는 스스로 이렇게 물어야 한다. '무엇이 내 마음을 정결하게 하는가? 하나님에 대한 사랑인가?' 하나님에 대한 사랑이 정결케 하려는 욕구를 일깨워 주기는 하지만, 그것만으로는 마음을 정결하게 하지 못한다. 우리는 하나님을 진심으로 사랑한다고 말하면서도 여전히 세상을 사랑할 수 있다. 이것이 교회의 수많은 사람들이 걸려 넘어지는 덫이다. 어떤 힘이 이 두려운 왕 앞에서 우리를 순결하게 해주는가? 바울은 분명하고 간결하게 대답했다.

> "그런즉 사랑하는 자들아 이 약속을 가진 우리는 하나님을 두려워하는 가운데서 거룩함을 온전히 이루어 육과 영의 온갖 더러운 것에서 자신을 깨끗하게 하자"고후 7:1.

참된 거룩함 또는 마음의 청결함은 하나님을 경외하는 가운데 온전히 이루어지거나 성숙된다! "여호와를 경외함으로 말미암아 악에서 떠나게 되느니라"잠 16:6.

그러나 고린도후서 7장 1절 첫 부분을 다시 보자. "그런즉 사랑하는 자들아 이 약속을 가진 우리는…" 무슨 약속을 말하는가? 바로 앞 구절에서 찾을 수 있을 것이다. 앞부분을 읽어 보자.

> "하나님의 성전과 우상이 어찌 일치가 되리요 우리는 살아 계신 하나님의 성전이라 이와 같이 하나님께서 이르시되 내가 그들 가운데 거하며 두루 행하여 나는 그들의 하나님이 되고 그들은 나의 백성이 되리라 그러므로 너희는 그들 중에서 나와서 따로 있고 부정한 것을 만지지 말

라 내가 너희를 영접하여 너희에게 아버지가 되고 너희는 내게 자녀가 되리라 전능하신 주의 말씀이니라 하셨느니라"고후 6:16-18.

오늘날 이 진리의 의미를 온전히 이해하자. 하나님은 우리가 그분과 언약을 맺어 그분의 영광 안에 거하기 위한 조건들을 대략 보여 주셨다. 우리는 세상 조직 속에서 나와 구별되어야 한다. 이것은 하나님을 경외하는 마음과 하나님의 은혜가 있어야 가능한 일이다. 그래서 바울은 6장 첫 부분을 "하나님의 은혜를 헛되이 받지 말라"고후 6:1는 호소로 시작하는 것이다.

다른 서신에서 바울은 거룩함을 추구하라고 강하게 권고하면서 그의 요지를 더욱 분명히 밝힌다. 그렇지 않으면 하나님을 보지 못할 것이기 때문이다.

"거룩함을 따르라 이것이 없이는 아무도 주를 보지 못하리라 너희는 하나님의 은혜에 이르지 못하는 자가 없도록 하고"히 12:14-15.

그는 계속해서 우리의 삶 속에서 은혜가 활발히 역사하여 열매 맺게 하는 것이 무엇인지 설명한다. "은혜를 받자 이로 말미암아 경건함과 두려움으로 하나님을 기쁘시게 섬길지니"28절. 하나님을 경외함이 우리로 하나님의 은혜를 헛되이 받지 않게 해주는 것이다. 거룩함 또는 마음의 청결함을 낳는 것은 바로 하나님의 은혜와 하나님을 경외하는 마음이다. 하나님은 우리가 세상의 더러운 것에서 자신을 깨끗하게 하면 그의 영광 가운데 우리 안에 거하시겠다고 약속하셨다.

당신이 섬길 분을 선택하라

지금까지 하나님을 경외하는 것에 대해 광범위하게 논했다. 그러나 우리가 아무리 철저히 살핀다 해도 충분치 않다. 하나님을 경외하는 마음은 아무리 여러 권의 책을 써도 완전히 밝힐 수 없는 주제다. 그것은 계속되는 계시다. 하나님의 사랑도 마찬가지다. 잠언 23장 17절은 "항상 여호와를 경외하라"고 말한다. 하나님을 경외하는 일에는 아무리 열정을 불태워도 부족하다.

하나님을 경외하는 마음은 한정된 용어로 충분히 설명하기가 불가능하기 때문에 정의를 내리기도 힘들다. 그것은 하나님의 사랑의 힘처럼 아주 광범위한 것이다. 내가 제시하는 정의는 부분적이고 단지 시작에 불과할 것이다. 내적인 마음의 변화를 언어로 설명한다는 것이 불가능하기 때문이다. 우리는 영원히 하나님을 점점 더 깊이 알아 가게 될 것이다. 그와 비례해, 하나님의 사랑의 계시와 그분을 향한 거룩한 경외심도 더욱 커져 갈 것이다.

"사람을 두려워하면 올무에 걸리게 되거니와 여호와를 의지하는 자는 안전하리라" 잠 29:25.

우리는 앞에서 하나님을 경외하는 것과 관련하여 '불경한 두려움'에 대해 조금 이야기한 바 있다. 때로는 어떤 것을 이해하기에 앞서, 먼저 그것과 상반되는 것을 알아보는 것이 도움이 될 때가 있다. 이런 맥락에서, 사람에 대한 두려움을 정의해 보려 한다.

사람을 두려워한다는 것은 썩어 없어질 사람들 앞에서 근심하고, 불안해하고, 무서워하고, 걱정하고, 의심하고, 또는 움츠러드는 것이다. 이런 두려움에 빠진 사람들은 해로운 것이나 비난을 피해 도망치듯 살아가며, 언제나 대결이나 거절을 피하려 한다. 그들은 자신을 방어하기에 급급하다가 결국 하나님의 일에도 쓸모없는 사람들이 되고 만다. 사람이 할 수 있는 일을 두려워한 나머지 하나님께 합당히 드려야 할 것을 드리지 못하는 것이다.

하나님을 경외하는 것은 하나님을 존경하고 경배하는 것을 포함하지만 그것으로 제한되지는 않는다. 우리는 그분의 임재 앞에서 떨어야 하기 때문이다. 거룩한 경외심은 하나님께 합당한 영광과 존귀와 위엄, 감사와 찬양을 드리며 그분을 높이는 것이다.

우리가 자신의 소원보다 하나님의 소원을 더 귀중히 여기고, 하나님이 미워하시는 것을 미워하고, 하나님이 사랑하시는 것을 사랑하며, 하나님의 임재와 그분의 말씀 앞에서 떨 때, 하나님이 우리 마음과 삶 속에서 이렇게 높은 자리에 앉으시게 된다.

"우리는 자신이 두려워하는 자를 섬긴다!" 하나님을 두려워하면 하나님을 섬길 것이고, 사람을 두려워하면 사람을 섬길 것이다. 당신은 선택을 해야 한다.

이제 솔로몬이 성공과 고난을 다 겪은 후에 이렇게 말했던 이유를 이해할 수 있을 것이다.

"일의 결국을 다 들었으니 하나님을 경외하고 그의 명령들을 지킬지어다 이것이 모든 사람의 본분이니" 전 12:13.

솔로몬은 평생 동안 지혜를 추구했다. 하나님께 지혜를 받았고, 그 지혜가 큰 성공으로 인도했다. 그러나 그런 솔로몬도 말년에 고통스럽고 괴로운 시간을 보냈다. 그의 마음속에서 하나님을 경외하는 마음이 쇠약해진 것이다. 더는 하나님의 계명에 순종하지 않았다. 이방인 아내들을 맞이하고 그들의 신들을 섬겼다.

그는 생을 마감하면서, 과거를 돌아보며 많은 묵상 끝에 전도서를 썼다. 이 책에서 솔로몬은 하나님을 경외하지 않는 삶이 어떠한지 살핀다. 모든 질문에 대한 답은 "헛되도다!"라는 것이었다.

전도서 끝부분에서 그는 인생의 모든 일은 하나님을 경외하고 그의 계명을 지키는 것으로 요약된다고 결론을 내린다!

경외하는 자에게 약속된 복

하나님을 경외하는 마음과 관련된 성경 구절을 찾아 표시해 보라. 나는 그것을 찾으면서 50페이지 넘는 문서를 만들어 두었는데,

하나님을 경외하는 사람들에게는 분명한 약속이 주어진다는 것을 더욱 분명히 알게 되었다. 몇 가지만 나누어 보겠다.

하나님을 경외하면…

• **우리 마음이 기도 응답을 받을 만한 상태가 된다.**
"그는 육체에 계실 때에 자기를 죽음에서 능히 구원하실 이에게 심한 통곡과 눈물로 간구와 소원을 올렸고 그의 **경외하심**으로 말미암아 들으심을 얻었느니라" 히 5:7, 개역한글.

• **하나님의 큰 은혜가 충만하게 임한다.**
"주를 **두려워하는** 자를 위하여 쌓아 두신 은혜 곧 주께 피하는 자를 위하여 인생 앞에 베푸신 은혜가 어찌 그리 큰지요" 시 31:19.

• **천사의 보호를 받는다.**
"여호와의 천사가 주를 **경외하는** 자를 둘러 진 치고 그들을 건지시는 도다" 시 34:7.

• **지혜와 명철을 얻고 시간 관리를 잘하게 된다.**
"여호와를 **경외하는** 것이 지혜의 근본이요 거룩하신 자를 아는 것이 명철이니라 나 지혜로 말미암아 네 날이 많아질 것이요 네 생명의 해가 네게 더하리라" 잠 9:10-11.

• 우리의 소원이 이루어지고 해를 당하지 않게 된다.

"그는 자기를 **경외하는** 자들의 소원을 이루시며 또 그들의 부르짖음을 들으사 구원하시리로다" 시 145:19.

• 하나님의 지속적인 관심을 받게 된다.

"여호와는 그를 **경외하는** 자 곧 그의 인자하심을 바라는 자를 살피사" 시 33:18.

• 하나님께 필요한 것을 공급받는다.

"너희 성도들아 여호와를 **경외하라** 그를 **경외하는** 자에게는 부족함이 없도다" 시 34:9.

• 하나님의 인자하심이 크게 나타난다.

"이는 하늘이 땅에서 높음같이 그를 **경외하는** 자에게 그의 인자하심이 크심이로다" 시 103:11.

• 양식을 얻는다.

"여호와께서 자기를 **경외하는** 자들에게 양식을 주시며 그의 언약을 영원히 기억하시리로다" 시 111:5.

• 하나님의 보호를 받는다.

"여호와를 **경외하는** 자들아 너희는 여호와를 의지하여라 그는 너희의 도움이시요 너희의 방패시로다" 시 115:11.

- **죽음 앞에서 담대해지고 보호를 받는다.**

"여호와를 **경외하는** 자에게는 견고한 의뢰가 있나니 그 자녀들에게 피난처가 있으리라 여호와를 경외하는 것은 생명의 샘이니 사망의 그물에서 벗어나게 하느니라" 잠 14:26-27.

- **마음이 평안하다.**

"가산이 적어도 여호와를 **경외하는** 것이 크게 부하고 번뇌하는 것보다 나으니라" 잠 15:16.

- **온전한 만족을 얻는다.**

"여호와를 **경외하는** 것은 사람으로 생명에 이르게 하는 것이라 경외하는 자는 족하게 지내고 재앙을 당하지 아니하느니라" 잠 19:23.

- **재물과 영광과 생명을 얻는다.**

"겸손과 여호와를 **경외함**의 보상은 재물과 영광과 생명이니라" 잠 22:4.

- **하나님의 길에서 떠나지 않게 된다.**

"내가 그들에게 복을 주기 위하여 그들을 떠나지 아니하리라 하는 영원한 언약을 그들에게 세우고 나를 **경외함**을 그들의 마음에 두어 나를 떠나지 않게 하고"렘 32:40.

• 집안이 잘된다.

"그 산파들은 하나님을 **경외하였으므로** 하나님이 그들의 집안을 흥왕하게 하신지라"출 1:21.

• 갈 방향을 분명히 알게 된다.

"여호와를 **경외하는** 자 누구냐 그가 택할 길을 그에게 가르치시리로다"시 25:12.

• 수고한 대로 배불리 먹고 형통한 삶을 살게 된다.

"여호와를 **경외하며** 그의 길을 걷는 자마다 복이 있도다 네가 네 손이 수고한 대로 먹을 것이라 네가 복되고 형통하리로다 네 집 안방에 있는 네 아내는 결실한 포도나무 같으며 네 식탁에 둘러 앉은 자식들은 어린 감람나무 같으리로다 여호와를 경외하는 자는 이같이 복을 얻으리로다"시 128:1-4.

• 훌륭한 지도자가 된다.

"너는 또 온 백성 가운데서 능력 있는 사람들 곧 하나님을 **두려워하며** 진실하며 불의한 이익을 미워하는 자를 살펴서 백성 위에 세워 천부장과 백부장과 오십부장과 십부장을 삼아"출 18:21.

"이스라엘의 하나님이 말씀하시며 이스라엘의 반석이 내게 이르시기를 사람을 공의로 다스리는 자, 하나님을 **경외함으로** 다스리는 자여"삼하 23:3.

이것은 하나님을 경외하는 자들에게 주신 하나님의 약속을 몇 가지만 나열한 것이다. 그보다 훨씬 더 많은 약속들이 있다. 개인적으로 성경을 읽고 공부하면서 그 약속들을 찾아보기를 권한다.

부디 당신이 하나님을 경외함으로, 그분의 임재 안에서 하나님의 뜻과 마음을 이해하고 진정한 친밀함을 누리며 살아가기를 간절히 바란다.

The Fear of
the Lord

닫는 글

우리가 구원받은 지 얼마나 오래되었든 상관없이, 하나님을 향한 경외심이 마음속에 활활 타올라야 한다. 사실 그것이 구원의 핵심 요소이다.

바울은 "너희 중 하나님을 경외하는 사람들아 이 구원의 말씀을 우리에게 보내셨거늘"행 13:26이라고 말한다. 이 거룩한 경외심이 없으면 우리에게 구원이 필요하다는 것도 인식하지 못할 것이다.

예수님의 주권에 자신을 내어 드린 적이 없다면, 지금이 당신의 삶을 주님께 맡길 때다. 당신은 말씀을 들었고, 믿음이 마음속에서 솟아났다. 성령이 죄를 깊이 깨닫게 해주셔서 세상과 죄에서 돌이켜 자신을 온전히 하나님께 헌신할 준비가 되어 있다면, 지금이 바로 그때다.

당신의 영적 상태가 어떠하든지 상관없이, 나와 함께 기도하길 권한다. 당신의 삶을 하나님의 주권에 온전히 내어 드리기로 결단할 때다. 지금 함께 기도함으로 그것을 확고히 하자.

"하늘에 계신 아버지,

예수님의 이름으로 저 자신을 낮추고 아버지께 나아가 주님의 자비와 은혜를 구합니다. 저는 주님의 말씀을 들었고, 지금 주님을 사랑하고, 경외하고, 알아가고 싶은 열망이 마음속에서 불타오릅니다. 저의 구세주이며 주님이신 예수님께 돌아갑니다. 주님은 저의 주인이시니, 제 삶을 온전히 주님께 드립니다. 주님께 나아오기 전에 불경하게 살았던 삶을 용서해 주십시오. 삶 속에서 묵인해 왔던 모든 불경함과 위선을 회개합니다.

주님의 사랑과 거룩한 경외심으로 저를 충만케 해주십시오. 다른 누구보다, 그 무엇보다 더 깊고 친밀하게 주님을 알고 싶습니다. 저에게 주의 성령이 필요하고 또 전적으로 성령님께 의존함을 고백하오니, 지금 저를 성령으로 충만케 해주십시오.

주님, 제가 전심으로 주님께 돌아가면 성령이 주의 참된 형상과 성품을 제게 보여 주시고 제가 영광에서 영광으로 변화되리라고 주님은 약속하셨습니다. 모세처럼 주님의 얼굴 보기를 구합니다. 이 은밀한 곳에서 저는 변화될 것입니다.

주 예수님, 주님께서 제게 베푸신 풍성한 자비와 은혜를 감사드립니다. 주님께서 이미 행하신 모든 일들과 앞으로 행하실 모든 일들로 인해, 이제와 영원히 주님께 영광과 존귀와 찬양을 드립니다. 아멘."

"능히 너희를 보호하사 거침이 없게 하시고

너희로 그 영광 앞에 흠이 없이 기쁨으로 서게 하실 이

곧 우리 구주 홀로 하나이신 하나님께 우리 주 예수 그리스도로 말미암아

영광과 위엄과 권력과 권세가

영원 전부터 이제와 영원토록 있을지어다 아멘"

유 24-25.

Three Fear of
the Lord

거룩한 경외심은
하나님의 견고한 기초로 들어가
구원과 지혜와 지식의 보고를 여는 열쇠다.

존 비비어의 경외

초판 1쇄 발행 2011년 12월 26일
초판 7쇄 발행 2015년 6월 19일
개정1판 1쇄 인쇄 2022년 9월 29일
개정1판 1쇄 발행 2022년 10월 10일

지은이 존 비비어
옮긴이 유정희 · 우수명
펴낸이 김태희
펴낸곳 터치북스

출판등록 2017년 8월 21일(제 2020-000174호)
주소 경기도 고양시 덕양구 통일로 800, 2층(관산동)
전화 031-963-5664   팩스 031-962-5664
이메일 1262531@hanmail.net

ISBN 979-11-85098-49-4

책값은 표지에 있습니다.
잘못 만들어진 책은 구입한 곳에서 바꿔 드립니다.